기초부터 고난도까지
한 권으로
끝내는
고등영어

기초부터 고난도까지 한권으로 끝내는 고등영어

수능X내신
고등영문법
2400제

✓ 매 단원 최신 수능 기출 예문으로 실력확인
✓ 매 단원 필수 영작을 통한 서술형 대비
✓ 꼭 필요한 문법만 반복해서 확실한 실력 향상

taborm.com|타보름

▶ 매 단원 수능 기출 예문으로 실력 확인
▶ 꼭 필요한 문법만 반복해서 확실한 실력 향상
▶ 매 단원 필수 영작을 통한 서술형 대비
▶ 최신 내신x수능 트렌드 반영

타보름 교육 교재는 전국 온오프 서점에서 만나실 수 있습니다.

본인 수준을 정확히 알고
그에 맞는 공부로 1등급까지

고등부는 수능 연계 교재 쪽이 꽉 잡고 있습니다.
수능과 연계가 되어 있는 교재가 여러 권이고
완벽히 이해해야 하니 다른 쪽으로 눈을 돌리기는 쉽지 않습니다.

하지만 문장 구조 전반을 이해하는 기본기는 반드시 갖춰야 합니다.

수능x내신 고등 영문법 2400제
기초부터 수능영어 수준까지 3단계로의 확장을 한 권에 담았습니다.
핵심 문법 위주로 확장해나가며, 영작과 넘치는 수능 예문을 통해
문법 기본기, 구문, 독해 완성을 이끌어줄 줍니다.

또한 연계교재만으로 독해가 부족하다면
(고1, 2전용) **수능x내신 고등 영어 독해 [기본 지식편]**은
주제별 독해 뿐 아니라 구문 연습을 이어나가 독해 기본기를 다지고,
7개년 수능, 학력평가, EBS 연계교재에서 지문을 선별하여
학문별로 엮은 (고2,3전용) **'수능x내신 고등 영어 독해 [지식편]'**으로
탄탄한 독해 실력을 완성할 수 있으며, 배경시직은 덤입니다.

유머

웃기고

공포

무섭고

리테스트

핵 꿀 잼
Reading

로맨스

설레고

지식

전설

유익하고

슬프고

감동

나의 영문법 수준은?

영어 실력의
진화가 시작된다

영문법 고릴라 〉〉〉 영문법 오스트랄로피테쿠스 〉〉〉 영문법 크로마뇽인

52개 주제별 어휘 분류

교육부 지정 중고등 영단어

3000

단어 테스트지 무한 생성기,
듣기 mp3 무료 다운로드

교육부 지정 중고등 영단어 3000

저자 | 김찬수
편집 | 타보름 교육 편집팀
발행일 | 초판 1쇄 2017년 3월 1일
         초판 23쇄 2020년 9월 15일
         개정판 2쇄 2023년 7월 14일
발행처 | 타보름 교육
이메일 | taborm@naver.com

파본은 구매처에서 교환해 드립니다.

단어집 소개

〈교육부 지정 영단어〉는 교육과학기술부에서 중고등 교과반영으로 지정한 영어 단어 3000개로, 중고등 내신 및 수능에 직결되는 기본 영어 단어입니다.
(수능 및 모의고사, 모든 영어 시험의 기본 단어)

본 단어집은 교육부 지정 영어 단어 3000개 이외에도
꼭 필요한 최다 빈출 영단어 463개를 추가 수록하여, 총 3463단어가 포함되어 있습니다.

중고등, 수능, 공무원 영어, 토익, 텝스, 편입 영어의 학습자라면,
누구라도 이 단어집에 있는 단어는 빠짐없이 암기하시기를 권장합니다.

단어집 특징

★ 영어 단어를 52개 파트로 분류하여 구성했습니다.
각 파트들은 비슷한 성질의 단어들로, 학습자가 편리하게
관련된 영어단어를 통으로 암기할 수 있습니다.

★ 52개의 파트는 인간의 인식 발달 순서에 따라 구성하여,
단어를 통해 단어의 세계관을 확장해 나갈 수 있습니다.

★ 페이지 디자인은 **인간의 시선 처리를 분석**하여 인체공학적으로 배치되어
보다 암기에 용이한 구성입니다.

★ 단어의 한글 발음과 주요 동사의 3단변화를 포함하였습니다.

★ taborm.com에서 <u>단어 테스트지 무한 생성기, 듣기 MP3 파일</u>을
무료로 다운 받으실 수 있습니다.

★ 단어 테스트지 무한 생성기를 통하여 교재와 1:1 대응하는 테스트지 범위를 설정할 수 있습니다. 테스트지의 유형은 단어형, 뜻형, 혼합형 등 다양한 방식으로 간편하게 단어 섞기&출력이 가능합니다.

목차

1. 전치사

☐	**of** 어'ㅂ	~의, ~로 부터의, ~로 된
☐	**to** 투	~로, ~쪽으로, ~까지
☐	**in** 인	~안에, ~에서, ~후에
☐	**for** '풔	~의, ~에 대해, ~을 위해
☐	**as** 에ㅈ	~처럼, ~로서, ~이므로, ~와 같이
☐	**with** 위θ	~와 함께, ~에 대해, ~을 가진
☐	**on** 안	~위에, ~쪽에, ~으로
☐	**by** 바이	~에 의해서, ~까지, ~곁에
☐	**from** '프뤔	~부터, ~에게서
☐	**at** 엩	~에(서), ~으로
☐	**out** 아울	밖에, 나가다
☐	**into** 인투	~속으로, ~한 상태로
☐	**about** 어바울	~에 대한, 근처에, 대략
☐	**over** 오우'버	~을 넘어, ~위에, 끝나서
☐	**between** 비트윈	~사이로, ~사이의
☐	**before** 비'풔	이전에, ~의 앞에
☐	**under** 언더	아래에, 미만인, 영향[지배]받는
☐	**without** 위ㅎ아울	~이 없이, ~하지 않고
☐	**against** 어겐스트	~에 반대[대비]하여, ~에 기대서

1

☐	**during** 두륑	~동안, ~중에, ~사이에
☐	**within** 위ㅎ인	~이내의, ~속에
☐	**around** 어롸운드	주변에, 사방에서, 대략
☐	**among** 어멍	~의 사이에, ~에 둘러싸여
☐	**since** 씬스	~이후로, ~때문에
☐	**until** 언틸	~(때)까지
☐	**next** 넥스트	다음에[의], 옆에
☐	**above** 어버'브	~위에, ~을 넘는
☐	**along** 얼렁	~을 따라서[지나서], ~와 함께
☐	**behind** 비하인드	~의 뒤에, 뒤떨어져
☐	**toward** 투워드	~쪽으로, ~에 대하여, ~가까이
☐	**near** 니어	근처에, 가까이, 거의
☐	**beyond** 비언드	저편에, ~을 넘어서
☐	**below** 비로우	아래에, ~보다 아래
☐	**except** 익쎕트	~을 제외하고, 제외하다
☐	**till** 틸	~(때)까지, 경작하다
☐	**unless** 언레스	~이 아니라면
☐	**despite** 디스파일	~에도 불구하고
☐	**beside** 비사이드	~의 곁에, ~에 비해서
☐	**amid** 어미드	~의 한복판에

☐	**notwithstanding** 낟위θ스텐딩	그럼에도 불구하고
☐	**upon** 어판	~의 위에, ~에 대하여
☐	**across** 어크뤄ㅅ	가로질러, 교차하여

2. 가족, 가정, 호칭

☐	**that** 드햍	그 것, 그곳, ~라는 (것)
☐	**I** 아이	나
☐	**it** 잍	그것은, 그것을
☐	**he** 히	그
☐	**you** 유	당신, 너희
☐	**this** 드히스	이(것), 이곳, 지금(의)
☐	**they** ə에이	그들, 그것들, 사람들
☐	**we** 위	우리(들)
☐	**she** 쉬	그녀
☐	**home** 호옴	집(의, 에서)
☐	**family** 패멀리	가족(의)
☐	**father** 파드허	아버지
☐	**mother** 마드허	어머니
☐	**child** 차일드	어린이, 자식
☐	**friend** 프뤤드	친구, 동료
☐	**wife** 와이'ㅍ	부인

☐	**son** 썬	아들, 자손
☐	**husband** 허즈밴드	남편
☐	**brother** 브뤄드허	형, 오빠, 남동생
☐	**daughter** 돠터	딸
☐	**marriage** 메뤼쥐	결혼(식)
☐	**female** 피메일	여성(의)
☐	**relative** 랠러티'브	상대적인, 관련된, 친척
☐	**sister** 시스터	언니, 누나, 여동생
☐	**domestic** 더메스틱	국내의, 가정의
☐	**baby** 베이비	아기(의), 애인
☐	**sir** 써-	님, 씨
☐	**parent** 페어뤈트	부모
☐	**servant** 써-번트	하인
☐	**uncle** 엉클	삼촌, 아저씨
☐	**wedding** 웨딩	결혼식
☐	**miss** 미스	아가씨, 놓치다, 그리워하다
☐	**cousin** 커전	사촌
☐	**guest** 게스트	손님
☐	**kid** 키드	아이
☐	**aunt** 앤트	고모, 이모, 아줌마

☐	**neighbor** 네이뷔	이웃(사람), 이웃의, 동료
☐	**spouse** 스파우스	배우자
☐	**widow** 위도우	과부
☐	**bride** 브롸이드	신부
☐	**feminine** 페미닌	여자의, 여성스런
☐	**maid** 메이드	하녀, 가정부
☐	**maternal** 메터-늘	모성의
☐	**household** 하우스호울드	가정(의), 가족(의)
☐	**marry** 메뤼	결혼하다
☐	**nephew** 네퓨	남자 조카
☐	**nanny** 내니	유모
☐	**twin** 트윈	쌍둥이
☐	**nobody** 노우바디	아무도 ~않(-다)
☐	**dad** 대드	아빠
☐	**darling** 달링	"자기야", "얘야"
☐	**grandfather** 그뢘드'파ɜ어	할아버지

3. 욕구, 필요

☐	**need** 니드	필요(하다), 요구
☐	**order** 오-더	명령[주문, 정돈]하다, 질서, 순서
☐	**want** 완트	원하다, 필요(하다)

☐	**necessary** 네서세뤼	필요한
☐	**desire** 디자이어–	욕구, 원하다
☐	**claim** 클레임	주장[요구, 청구](하다)
☐	**require** 뤼콰이어–	필요[요구]하다
☐	**charge** 챠–쥐	요금, 청구[고소, 충전]하다
☐	**demand** 디맨드	요구[청구, 필요](하다), 수요
☐	**essential** 에센셜	본질[필수]적인
☐	**appeal** 어필	애원[간청](하다)
☐	**passion** 패션	열정, 분노, 열애
☐	**enthusiasm** 엔θ우지애즘	열광, 열정
☐	**fever** 피버–	열(병), 열광
☐	**eager** 이거–	열망하는
☐	**petition** 퍼티션	청원[탄원](하다)
☐	**ambition** 엠비션	야망
☐	**wish** 위쉬	바라다, 소원(빌다)
☐	**request** 뤼퀘스트	요청[청구](하다)
☐	**enthusiastic** 엔θ우지애스틱	열렬한
☐	**aspire** 어스파이어	열망(하다)
☐	**hobby** 하비	취미
☐	**greed** 그뤼드	탐욕

4. 음식, 요리

☐	food 푸드	음식, 식품
☐	cold 코올드	추운, 냉정한
☐	heat 힡	열, 뜨겁게 하다
☐	hot 핱	뜨거운, 뜨겁게
☐	acid 애세드	산성, 신맛, 신랄한
☐	fish 피쉬	물고기, 낚시하다
☐	eat 잍	먹다, 부식하다 eat | ate | eaten
☐	dry 드롸이	마른, 건조한
☐	dinner 디너	저녁 식사
☐	warm 워-음	따뜻한, 데우다
☐	drink 드룅크	마시다, 음료 drink | drank | drunk
☐	sweet 스윝	달콤한, 사랑스런
☐	wine 와인	포도주
☐	taste 테이스트	맛보다, 취향, 미각
☐	fruit 프루트	과일, 결과
☐	milk 밀크	우유, 짜내다
☐	tea 티	차, 찻잎
☐	plate 플레잍	접시, 판
☐	bread 브레드	빵

☐	**cup** 컵	잔, 우승컵
☐	**cool** 쿨	시원한, 멋진, 냉담한
☐	**flesh** 플레쉬	살, 고기, 피부
☐	**sugar** 쉬우거-	설탕
☐	**salt** 쏠트	소금(치다)
☐	**nose** 노우즈	코, 후각
☐	**meat** 밑	고기
☐	**feed** 피드	먹이(주다), 공급하다 feed | fed | fed
☐	**meal** 밀	식사
☐	**grain** 그뤠인	곡물
☐	**raw** 롸	익히지 않은, 날것의
☐	**bottle** 밭을	병
☐	**diet** 다이얼	식습관, 식사
☐	**smell** 스멜	냄새 smell | smelled, smelt | smelled, smelt
☐	**corn** 코운	옥수수
☐	**knife** 나이프	칼
☐	**shell** 셸	(조개) 껍질, 포탄
☐	**stem** 스템	줄기
☐	**bitter** 비터-	신랄한, 쓰라린, 쓴(맛)
☐	**agriculture** 애그뤼컬처	농업

8

☐	**rice** 롸이스	쌀, 벼
☐	**beer** 비어	맥주
☐	**leaf** 리'프	잎
☐	**cook** 쿡	요리하다, 요리사
☐	**hungry** 헝그뤼	배고픈, 부족한
☐	**cream** 크륌	크림, 크림색의
☐	**burn** 버-은	(불)타다, 화상 burn | burnt | burnt
☐	**wheat** 윗	밀
☐	**egg** 에그	알
☐	**pot** 파트	냄비, 솥
☐	**butter** 벝어-	버터(를 바르다), 아부하다 (up)
☐	**tabaco** 타바코	담배(잎)
☐	**bowl** 보울	사발, 공
☐	**chicken** 칙인	닭(고기의)
☐	**cheese** 치즈	치즈
☐	**pan** 팬	냄비, 전체
☐	**trunk** 트렁ㅋ	줄기, 여행 가방
☐	**juice** 쥬스	주스
☐	**prey** 프뤠이	먹이, 사냥감
☐	**harvest** 하-버스트	수확(하다)

☐	**basket** 배스킽	바구니
☐	**cake** 케잌	케이크, 몫
☐	**honey** 허니	꿀, "여보", "얘야"
☐	**dish** 디쉬	접시, 요리
☐	**apple** 애플	사과
☐	**cigarette** 씨가렡	담배
☐	**flour** 플라-우어	(밀)가루
☐	**peasant** 페즌트	농부
☐	**bite** 바잍	물다 bite | bit | bitten
☐	**dine** 다인	저녁 식사하다
☐	**thirst** θ어-스트	갈증, 목마르다
☐	**potato** 퍼테이토우	감자
☐	**nut** 넡	견과, 암나사, 괴짜
☐	**cultivate** 컬티'베이트	경작하다
☐	**starve** 스타-'ㅂ	굶다, 굶어 죽다
☐	**roast** 로우스트	굽다, 볶다
☐	**bake** 베잌	굽다
☐	**peel** 필	벗기다
☐	**boil** 보일	끓(이)다
☐	**stove** 스토우'ㅂ	난로

10

☐	**sniff** 스니'프	"킁킁"(거리다), 냄새(맡다)
☐	**chill** 칠	냉기, 추운
☐	**melt** 멜트	녹(이)다 melt | melted | melted, molten
☐	**protein** 프로테인	단백질
☐	**tobacco** 토바코우	담배(잎)
☐	**carrot** 캐릳	당근
☐	**pork** 포엌	돼지고기
☐	**strawberry** 스트롸베뤼	딸기, 딸기색
☐	**delicious** 딜리셔ㅅ	맛있는, 즐거운
☐	**pear** 페어	배(나무)
☐	**mushroom** 머쉬룸	버섯
☐	**berry** 베뤼	산딸기
☐	**jar** 쟈-	단지, 항아리
☐	**suck** 썩	빨다
☐	**swallow** 스왈로우	삼키다, 제비
☐	**beef** 비'ㅍ	소고기
☐	**watermelon** 워러멜런	수박
☐	**spoon** 스푼	숟가락
☐	**alcohol** 앨커힐	술, 알코올
☐	**brew** 브루	양조(하다)

11

☐	**sour** 싸우어	신, 시어지다
☐	**rot** 롸트	썩다, 부패
☐	**chew** 츄	씹다
☐	**freeze** 프리즈	얼리다, 결빙 freeze | froze | frozen
☐	**duck** 덬	오리
☐	**recipe** 뤠서피	조리법, 처방전, 비결
☐	**dairy** 데어뤼	유제품의, 낙농업
☐	**cater** 케이터	(음식을) 제공하다
☐	**tray** 트뤠이	쟁반
☐	**butcher** 붙처	정육업자, 도살하다
☐	**chef** 세'프	주방장
☐	**vegetable** 붸즈터블	채소, 식물의
☐	**spit** 스핕	침(뱉다) spit | spat, spit | spat, spit
☐	**curry** 커뤼	카레
☐	**candy** 캔디	사탕
☐	**bean** 빈	콩
☐	**cookie** 쿠키	쿠키
☐	**fry** 프라이	튀기다, 튀김
☐	**grape** 그뤠잎	포도
☐	**crisp** 크리슾	또렷한, 바삭바삭한

| □ | flavor
플레이버- | 맛(을 내다), 풍미, 조미료 |

5. 마음, 감정

□	like 라잌	좋아[원]하다, ~와 비슷한, ~처럼
□	good 굳	좋은, 훌륭한
□	love 러'ㅂ	사랑(하다), 좋아하는
□	mind 마인드	마음, 생각, 신경 쓰다, 싫어하다
□	sense 센ㅅ	감각, -감, 감지하다, 느끼다
□	true 트루	사실(의), 진실(한)
□	kind 카인드	종류, 친절한
□	care 케어	조심[걱정, 상관, 좋아]하다, 돌보다
□	free 프뤼	자유로운, 무료의, ~없는
□	real 뤼얼	진짜의, 진정한, 현실의
□	feel 필	느끼다, 느낌, 감정 feel | felt | felt
□	hard 하-드	어려운, 단단한, 열심히
□	difficult 디'퍼컬트	어려운, 곤란한
□	character 케뤽터-	성격, 특성, 등장인물, 문자
□	hope 호우ㅍ	희망(하다)
□	respect 뤼스펙트	존경[존중](하다)
□	indeed 인디드	정말로, "정말"
□	spirit 스피륕	정신, 영혼

☐	**easy** 이지	쉬운, 쉽게, 편한
☐	**soul** 쏘울	영혼
☐	**serious** 씨뤼어스	심각한, 진지한
☐	**regard** 뤼가-드	~로 여기다, 관계[존경](하다)
☐	**happy** 해피	행복한
☐	**mental** 멘틀	정신의, 마음의
☐	**dear** 디어	친애하는, 소중한
☐	**concern** 컨써-은	걱정[관여](하다), 관심
☐	**strange** 스트뤠인쥐	이상한, 낯선
☐	**smile** 스마일	웃다, 미소 짓다
☐	**soft** 쏘'프트	부드러운, 유연한
☐	**familiar** 퍼밀리어-	친숙한, 잘 아는
☐	**tone** 토운	어조, 음조, 색조, 조절하다
☐	**wonder** 원더	의문이다, 놀라다, 경이(로운)
☐	**dream** 드륌	꿈(꾸다) dream | dreamt | dreamt
☐	**tend** 텐드	경향이 있다, 돌보다
☐	**attitude** 애티투드	태도, 자세
☐	**ideal** 아이디얼	이상(적인)
☐	**surprise** 서프롸이즈	놀라게 하다, 놀라움
☐	**enjoy** 인줘이	즐기다

☐	**nice** 나이스	좋은, 친절한
☐	**wonderful** 원더'펄	훌륭한, 경이적인
☐	**sorry** 쏴뤼	미안한, 유감스런
☐	**grace** 그뤠이스	우아함, 품위, 은총
☐	**thank** θ앵크	감사(하다)
☐	**virtue** 뷔츄	미덕, 장점
☐	**honor** 아너	명예, 존경하다
☐	**liberty** 리버티	자유, 해방
☐	**comfort** 컴'퍼트	위로(하다), 안락
☐	**glory** 글러뤼	영광
☐	**fun** 펀	재미있는, 장난
☐	**pride** 프라이드	자존심, 자부심, 자만
☐	**laugh** 래'프	웃다
☐	**depression** 디프뤠션	우울, 불황
☐	**courage** 커~뤼즤	용기
☐	**proud** 프롸우드	자랑스런, 오만한
☐	**honest** 아네스트	정직한
☐	**worry** 워뤼	걱정(하다), 불안
☐	**sad** 새드	슬픈
☐	**calm** 캄	고요한, 차분한

15

☐	**anxious** 앵셔ㅅ	걱정하는, 바라는
☐	**smooth** 스무ð	매끈한, 매끄럽게 하다, 평온한
☐	**pray** 프뤠이	기도[간청]하다
☐	**tension** 텐션	긴장, 갈등
☐	**nerve** 너-'ㅂ	신경(질), 용기
☐	**emotion** 이모우션	감정, 감동
☐	**psychology** 싸이칼러쥐	심리학
☐	**peculiar** 퍼큘리어	특이한
☐	**welcome** 웰컴	환영(하다) welcome | welcomed | welcomed
☐	**mood** 무ㄷ	기분, 분위기
☐	**default** 디'풜트	부전승, 채무불이행, 결핍
☐	**gentle** 젠틀	온화한, 부드러운
☐	**excite** 익싸일	흥분시키다, 자극하다
☐	**sympathy** 씸퍼θ이	동정(심), 공감
☐	**mystery** 미스테뤼	신비, 수수께끼
☐	**tender** 텐더-	부드러운, 다정한
☐	**genuine** 쟤뉴인	진짜의, 순수한
☐	**vain** 베인	헛된, 자만하는
☐	**moderate** 마더에이ㅌ	적당한, 완화하다
☐	**shame** 셰임	부끄러움, 부끄럽게 하다

☐	**odd** 아드	기묘한, 홀수의, 남은
☐	**affection** 어'쩩션	애정
☐	**grief** 그뤼'프	슬픔
☐	**bore** 보어	지루하게 하다, 구멍(내다)
☐	**grateful** 그뤠잍'펄	감사하는
☐	**handsome** 핸썸	잘생긴, 능숙한
☐	**brave** 브뤠이'브	용감한
☐	**intimate** 인티메이트	친밀한, 성관계의
☐	**generous** 재너뤄ㅅ	관대한
☐	**distress** 디스트뤠ㅅ	고통, 괴로움
☐	**excuse** 익스큐ㅅ	변명, 용서하다
☐	**sorrow** 써뤄우	슬픔, 애도
☐	**pity** 피티	동정, 연민, 유감
☐	**bold** 보울드	대담한, 뻔뻔한
☐	**subtle** 써틀	미묘한, 섬세한
☐	**convenient** 컨'비니언	편리한, 가까운
☐	**romantic** 뤄우맨틱	낭만적인, 연애의
☐	**impulse** 임펄ㅅ	충동, 충격, 자극
☐	**entertain** 엔터테인	(즐겁게) 대접하다, 지니다
☐	**ignore** 이그노-어	무시하다

17

☐	**dull** 덜	지루한, 둔한, 흐린
☐	**mild** 마일드	온화한, 순한
☐	**sentiment** 센티먼트	감정
☐	**modest** 마디스트	겸손한, 정숙한, 적당한
☐	**smart** 스마ー트	영리한, 아프다
☐	**regret** 뤼그뤠트	후회(하다), 유감
☐	**spare** 스페어	여분의, 절약[할애]하다
☐	**humble** 험블	하찮은, 겸손한
☐	**forgive** 퍼-기'브	용서하다 forgive | forgave | forgiven
☐	**attract** 어트뢔트	매혹[유인]하다
☐	**funny** 퍼니	재미있는
☐	**temper** 템퍼-	성질, 완화하다
☐	**neglect** 니글랙트	무시(하다), 무관심, 태만하다
☐	**motive** 모우티브	동기, 이유, 원동력의
☐	**gratitude** 그래티튜드	감사
☐	**mature** 매튜어-	어른스런, 숙성한
☐	**fond** 퐌드	좋아하는, 다정한
☐	**esteem** 이스팀	존경(하다)
☐	**miserable** 미저뤄블	불쌍한, 궁핍한
☐	**lonely** 로운리	홀로, 외로운

☐	**earnest** 어-네스트	성실한, 진실한, 징조
☐	**tear** 티어	찢다 tear | tore | torn 눈물 tears
☐	**amazing** 어메이징	놀라운
☐	**instinct** 인스팅트	본능, 재능, 직감
☐	**authentic** 어θ엔틱	진짜의, 진품인
☐	**charm** 챠암	매력, 마력
☐	**ugly** 어글리	못생긴, 추한
☐	**sigh** 싸이	한숨(쉬다)
☐	**loyal** 로이얼	충성스런, 성실한
☐	**ashamed** 어셰임드	부끄러운
☐	**disappointment** 디써포인먼트	실망
☐	**wit** 윋	지혜, 재치
☐	**courtesy** 커-터씨	예의
☐	**deliberate** 딜리버레이트	고의적인, 신중한, 숙고하다
☐	**decent** 디슨트	괜찮은, 점잖은
☐	**sincere** 신시어	진정한, 성실한
☐	**pardon** 파-든	용서(하다), 사면
☐	**affect** 어'팩트	영향[감동]을 주다, 발병하다
☐	**sensation** 센세이션	대사건, 느낌
☐	**impress** 임프뤠스	인상[감동]을 주다

☐	**admire** 애드마이어	존경[감탄]하다
☐	**undergo** 언더고우	겪다, 견디다 undergo | underwent | undergone
☐	**lone** 로운	홀로, 외로운
☐	**polite** 펄라이트	공손한
☐	**weird** 위어드	기묘한
☐	**incline** 인클라인	기울다, 경사
☐	**astonish** 어스터니쉬	놀라게 하다
☐	**amaze** 어메이즈	놀라다, 놀라게 하다
☐	**depress** 디프뤠스	우울하게 하다
☐	**marvel** 마-'블	놀라다, 경이로움
☐	**reluctant** 륄뤽턴트	꺼리는, 마지못한
☐	**favorite** 페이'뷔릿	마음에 드는, 좋아하는 사람(물건)
☐	**fascinate** 패서네이트	매혹하다
☐	**rude** 루드	무례한, 버릇없는, 거친, 미숙한
☐	**envy** 엔'비	부러워하다, 질투(하다)
☐	**anxiety** 앵자이어티	걱정, 불안
☐	**tragic** 트뤠직	비극적인
☐	**mock** 마크	흉내내다, 모조의
☐	**distract** 디스트뤳트	이목을 돌리다, 혼란시키다
☐	**puzzle** 퍼즐	수수께끼

20

☐	**shy** 샤이	수줍은, 겁 많은
☐	**naive** 나이-'브	순진한, 원시의
☐	**nervous** 너-버스	불안한, 신경질적인, 신경의
☐	**disappoint** 디쌔퍼인트	실망시키다
☐	**awkward** 억워드	어색한, 곤란한
☐	**disgust** 디스거스트	혐오감(주다)
☐	**thrill** θ륄	전율[감동](시키다)
☐	**despair** 디스페어	절망(하다)
☐	**alright** 얼롸이트	"좋아"
☐	**hesitate** 헤즤테잍	망설이다
☐	**pleasant** 플래전트	즐거운, 쾌적한, 상냥한
☐	**pleasure** 플레져	즐거움(주다), 즐기다
☐	**amuse** 어뮤즈	즐겁게 하다
☐	**truth** 트루θ	진실, 사실, 진리
☐	**ease** 이즈	편하게 하다, 편함, 완화, 쉬움
☐	**gorgeous** 고어-져스	멋진
☐	**reception** 뤼셉션	맞이함, 환영(회), 접수처
☐	**illusion** 일루즌	환상, 착각, 허상
☐	**cheer** 최어	환호[격려](하다)
☐	**comedy** 커메디	희극

21

6. 색상

☐	**white** 와이트	하얀색, 백인의, 공백의
☐	**black** 블랙	검정, 검은, 암흑의, 흑인
☐	**red** 뤠드	빨간, 빨간색
☐	**blue** 블루	우울한, 파란색
☐	**green** ㄱ뤼ㄴ	녹색(의), 녹색칠하다, 초보의
☐	**yellow** 옐로우	노랑색, 노란
☐	**brown** 브롸운	갈색(의)
☐	**pale** 페일	창백한, 허약한, 말뚝
☐	**gray** 그뤠이	회색(의), 창백한, 정체불명의
☐	**purple** 퍼-플	자주색(의)
☐	**pink** 핑ㅋ	분홍색(의)
☐	**olive** 얼리'ㅂ	올리브
☐	**flush** 플러쉬	홍조를 띄다
☐	**grey** 그뤠이	회색 gray

7. 빛, 보임

☐	**shade** 쉐이드	그늘(지다), 음영
☐	**view** 뷰	관점, 전망, (~라고)보다
☐	**spectacle** 스뻭터클	광경, 안경
☐	**advertise** 애드버-타이즈	광고하다

22

☐	advertize 애드버타이즈	광고하다, 관심 끌다
☐	beam 빔	광선, 기둥
☐	ray 뤠이	광선, 가오리
☐	depict 디픽트	묘사하다, 그리다
☐	picture 픽처-	사진, 묘사, 그림
☐	graphic 그뢔'픽	그림의, 도표의
☐	shadow 섀도우	그림자, 암시
☐	blink 블링ㅋ	깜빡이다, 일순간
☐	designate 데지그네이트	지정[임명]하다, 나타내다
☐	indicate 인디케이트	나타내다, 암시하다
☐	represent 뤠프뤼젠트	대표[표현]하다
☐	exhibit 이그지빝	전시(하다), 전시회, 나타내다
☐	overlook 오우'버룩	간과[감독]하다
☐	stare 스테어	응시(하다)
☐	expose 익스포우즈	드러내다, 폭로하다
☐	eye 아이	눈
☐	blind 블라인드	눈 먼, 맹목적인
☐	prominent 프롸미넌트	뛰어난, 유명한, 돌출한
☐	outstanding 아웉스탠딩	뛰어난, 눈에 띄는
☐	visible 비저블	보이는, 볼 수 있는

☐	**optical** 압티클	눈의, 빛의, 광학의
☐	**cover** 커'버-	덮다, 포함하다, 덮개
☐	**reveal** 뤼'빌	폭로하다, 드러내다
☐	**monitor** 머네터-	감시하다, 감시원, 화면
☐	**observe** 업저-'브	관찰[준수]하다
☐	**bury** 베뤼	파묻다, 숨기다
☐	**look** 룩	(바라)보다, 찾다, ~해 보이다, 표정
☐	**survey** 서-'베이	설문조사[측량](하다), 살피다
☐	**watch** 와취	(지켜)보다, 손목시계
☐	**clear** 클리어	명확한, 밝은, 맑은, 치우다
☐	**bright** 브롸잍	밝은, 영리한
☐	**disclose** 디스클로우즈	밝히다, 폭로하다
☐	**glow** 글로우	빛나다, 빛남, 작열
☐	**flash** 플래쉬	번쩍이다, 섬광
☐	**see** 씨	보(이)다, 이해하다 see | saw | seen
☐	**show** 쇼오우	보여주다, 공연 show | showed | shown
☐	**fire** 파이어-	불, 사격[해고]하다
☐	**spark** 스퐈-ㅋ	불꽃, 불붙다
☐	**flame** 플래임	불꽃, 타오르다
☐	**secret** 씨크맅	비밀(의), 숨겨진

☐	**light** 라이트	빛, 가벼운 light | lit, lighted | lit, lighted
☐	**color** 컬러-	빛깔, 색, 안색, 외관
☐	**shine** 샤인	빛나다, 반짝이다
☐	**photograph** 포우터그뢔'프	사진(을 찍다)
☐	**vivid** 비'비드	생생한, 발랄한
☐	**glare** 글레어	섬광, 노려보다
☐	**sketch** 스케취	그리다, 소묘, 초안
☐	**hide** 하이드	숨(기)다, 가죽 hide | hid | hid, hidden
☐	**conceal** 컨씰	감추다
☐	**visual** 비쥬얼	시각적인
☐	**sight** 싸이트	시력, 시야
☐	**vision** 비즌	시각, 시력, 시야
☐	**dark** 다-ㅋ	어두운, 어둠
☐	**dim** 딤	어두운, 어두워지다
☐	**outline** 아울라인	윤곽(을 그리다), 요약
☐	**gaze** 게이즈	응시(하다)
☐	**scene** 씬	장면, 현장, 풍경
☐	**prospect** 프롸스펙트	가능성, 전망
☐	**perspective** 퍼스펙티'ㅂ	견해, 관점, 전망
☐	**display** 디스플레이	전시(하다), 표시장치

☐	**attention** 어텐션	주의, 주목, 배려, "차렷!"
☐	**portrait** 풔트렡	초상화, 인물 사진
☐	**focus** 포우커스	초점, 집중하다
☐	**insight** 인싸이트	통찰력
☐	**transparent** 트뢘스뻬어런트	투명한, 솔직한
☐	**glance** 글랜스	흘끗 보다, 눈짓, 섬광
☐	**glimpse** 글림프스	흘끗 보다, 눈짓, 섬광

8. 형태

☐	**large** 라즤	큰, 넓은
☐	**model** 마들	모델, 모형, 방법
☐	**short** 쑈ー트	짧은, 단기간의
☐	**type** 타이프	종류, 유형, 자판 치다
☐	**structure** 스트뤅쳐ー	구조, 건물, 조직(하다)
☐	**big** 빅	큰, 중요한
☐	**surface** 써ー'퍼스	표면, 나타나다
☐	**simple** 심플	간단한, 소박한
☐	**image** 이메즤	그림, 상, 심상
☐	**round** 롸운드	둥근, 회전, 둘레에, 대략
☐	**figure** 피규어	수치, 인물, 모습, 계산(하다)
☐	**beautiful** 뷰ー티'플	아름다운

☐	**post** 포우스트	우편, 기둥, 일자리, 알리다
☐	**style** 스타일	방식, 문체, 유행, 철필
☐	**film** 필름	얇은 막, 영화
☐	**separate** 쎄어뤠트	분리하다, 개별적인
☐	**piece** 피스	조각, 부분
☐	**shape** 세이프	모양, 형성하다
☐	**pretty** 프뤼티	예쁜, 꽤
☐	**pattern** 패턴	(반복적) 무늬[행동]
☐	**straight** 스트뤠이트	곧은, 똑바로, 솔직한
☐	**spread** 스프뤠드	펼치다, 퍼지다 spread | spread | spread
☐	**gas** 개스	기체, 가솔린
☐	**square** 스퀘어	정사각형, 광장, 제곱, 똑바로
☐	**feature** 피처-	특징, 생김새
☐	**frame** 프뤠임	틀, 뼈대, 액자
☐	**aspect** 애스펙트	관점, 양상, 외관
☐	**distinct** 디스팅트	분명한, 별개의
☐	**typical** 티피클	전형적인, 평범한
☐	**block** 블락	토막, 건물 단지, 차단하다
☐	**thin** 스틴	얇은, 가느다란, 마른
☐	**thick** θ익	두꺼운, 굵은, 빽빽한

27

☐	**column** 칼럼	기둥, 신문 논평
☐	**ball** 뷜	공, 공모양
☐	**composition** 캄퍼지션	구성(요소), 작문, 작곡, 합성
☐	**sharp** 샆	날카로운, 급격한
☐	**fat** 패트	지방, 뚱뚱한
☐	**angle** 앵글	각도, 관점, 모서리
☐	**tall** 톨	높은, 긴
☐	**curve** 커-'ㅂ	곡선
☐	**concrete** 컨크륕	구체적인
☐	**hole** 호울	구멍
☐	**linear** 리니어	(직)선의
☐	**loose** 루즈	느슨한, 풀린, 풀다
☐	**tube** 튜브	관, 통
☐	**gap** 갶	틈, 차이, 간격
☐	**axis** 엑서ㅅ	(중심)축
☐	**diverse** 디'붜ㅅ	다양한
☐	**sphere** 스'피어	구체, 범위, 영역
☐	**constitute** 칸스티투트	구성하다, ~되다
☐	**bare** 베어	발가벗은, 노출된, 가까스로의, 드러내다, 벗다
☐	**interval** 인터-'블	간격, 틈, 휴식

28

☐	**fancy** 팬씨	상상(하다), 고급의, 꾸민
☐	**bow** 바우	활, 절하다
☐	**giant** 자이언트	거인, 거대한
☐	**aesthetic** 에스θ에틱	미적인
☐	**tower** 타우어-	탑, 치솟다
☐	**keen** 킨	예민한, 날카로운, 열정적인
☐	**splendid** 스플렌디드	화려한, 눈부신
☐	**sophisticated** 서'피스티케이티드	정교한, 복잡한, 속세의
☐	**fold** 포울드	접다, 주름
☐	**leisure** 레져	여가(시간), 한가한
☐	**crack** 크뢕	갈라진 금, 틈, 갈라지다
☐	**dense** 덴스	빽빽한, 밀집한
☐	**genre** 쟝르	유형, 분야
☐	**steep** 스팁	가파른, 적시다
☐	**countenance** 카운테넌스	얼굴, 표정
☐	**mess** 메스	엉망, 혼란, 망치다
☐	**pit** 핕	구멍, 구덩이
☐	**sheer** 쉬-어	완전한, 완전히, 얇은
☐	**geometry** 쥐어메트리	기하학, 입체도형
☐	**various** 베뤼어스	가지각색의, 여러 가지의

☐	**elementary** 엘리멘트뤼	초보의, 초등의, 기본적인
☐	**wrap** 뢥	감싸다
☐	**bubble** 버블	거품(이 일다)
☐	**curl** 컬	곱슬하다, 말다
☐	**flexible** 플랙서블	신축성[융통성]있는, 유연한
☐	**bend** 벤드	구부리다, 굴복시키다　bend | bent | bent
☐	**framework** 프뤠임웍	뼈대, 체계
☐	**compose** 컴포우즈	구성[조립, 작곡]하다
☐	**cute** 큐트	귀여운
☐	**twist** 트위스트	비틀다, 왜곡하다
☐	**decorate** 데커뤠트	장식하다
☐	**slim** 슬림	날씬한, 얇은
☐	**frown** 프롸운	찌푸린 얼굴(을 하다)
☐	**lump** 럼프	덩어리, 혹
☐	**turnover** 턴-오우'버	매출, 이직, 회전
☐	**triangle** 트롸이앵글	삼각형
☐	**beauty** 뷰-티	아름다움, 미인
☐	**slice** 슬라이스	썰다, 조각
☐	**sculpture** 스컬프처-	조각(하다)
☐	**chip** 칲	조각, 토막

☐	erect 이뤡트	세우다, 세운
☐	characteristic 케뤽터뤼스틱	특징, 독특한
☐	tense 텐ㅅ	긴장한, 시제
☐	formation 풔메이션	형성, 구성

9. 생명

☐	life 라이'프	삶, 생명
☐	live 라이'ㅂ	살다, 살아있는
☐	born 보-언	타고난, ~로 태어난
☐	tree 트뤼	나무
☐	horse 호어스	말
☐	animal 애니믈	동물(의)
☐	plant 플랜트	식물, 공장, 설비, 심다
☐	rose 로우즈	장미(빛)
☐	bear 베어	낳다, 참다, 부담하다, 곰 bear | bore | born
☐	birth 버-θ	탄생, 출생
☐	dog 둭	개
☐	alive 얼라이'ㅂ	살아있는, 활발한
☐	root 루-트	뿌리, 근원
☐	bird 버-ㄷ	새
☐	fly 플라이	날다, 파리 fly | flew | flown

☐	**seed** 씨드	씨(를 뿌리다)
☐	**cat** 캩	고양이
☐	**tail** 테일	꼬리, 미행하다
☐	**cattle** 캐틀	소떼
☐	**survive** 써'바이'브	살아남다, 견디다
☐	**flower** 플라우어	꽃(피우다)
☐	**mouse** 마우스	쥐
☐	**beast** 비스트	짐승
☐	**ecological** 이컬라지클	생태계의
☐	**cow** 카우	암소, 젖소
☐	**deer** 디어	사슴
☐	**intrinsic** 인트륀싴	고유한, 본질적인
☐	**biology** 바이얼러쥐	생물학
☐	**hunt** 헌트	사냥[추적](하다)
☐	**rat** 랱	쥐
☐	**lion** 라이언	사자
☐	**puppy** 퍼피	강아지
☐	**frog** 프뤄그	개구리
☐	**ant** 앤t	개미
☐	**whale** 웨일	고래

☐	**insect** 인쎅트	곤충(류)
☐	**bug** 벅	벌레
☐	**monster** 먼스터	괴물
☐	**cricket** 크뤼킽	귀뚜라미
☐	**giraffe** 즤뢔'프	기린
☐	**bloom** 블룸	꽃(피다), 번영하다
☐	**blossom** 블라섬	(꽃)피다
☐	**bee** 비	벌
☐	**breed** 브뤼드	(새끼) 낳다, 기르다, 품종 breed | bred | bred
☐	**bush** 부쉬	덤불
☐	**dolphin** 달퓐	돌고래
☐	**pig** 피그	돼지
☐	**flock** 플락	무리(짓다)
☐	**extinct** 엑스팅트	멸종된, 폐지된, 꺼진
☐	**snake** 스네익	뱀
☐	**fertile** 퍼—틀	비옥한, 풍부한, 다산의
☐	**reside** 뤼자이드	거주[존재]하다
☐	**lamb** 램	새끼 양
☐	**birthday** 벌—θ데이	생일
☐	**bull** 불	숫소(의)

☐	**pet** 펱	애완동물, 쓰다듬다
☐	**zebra** 직브러	얼룩말
☐	**fox** 팍ㅅ	여우
☐	**goat** 고우트	염소
☐	**monkey** 멍키	원숭이
☐	**abort** 어보어트	낙태[유산]하다
☐	**predator** 프뤠데터-	육식 동물
☐	**weed** 위드	잡초
☐	**species** 스피씌-ㅈ	종, 인종, 종류
☐	**brute** 브루트	야수
☐	**creature** 크뤼쳐	창조물, 생물
☐	**elephant** 엘리'펀트	코끼리
☐	**rabbit** 쾌빝	토끼
☐	**tiger** 타이거	호랑이

10. 자연, 지형

☐	**water** 왈어-	물(주다)
☐	**nature** 네이쳐-	자연, 본성
☐	**air** 에어	공기, 공중, 외모, 태도, 분위기
☐	**earth** 어-θ	지구, 땅, 흙, 접지하다
☐	**fall** 풜	떨어지다, 추락, 폭포 fall | fell | fallen

□	**sea** 씨	바다(의)
□	**river** 뤼버-	강
□	**sun** 썬	태양
□	**rise** 롸이즈	상승(하다), 일어나다 rise | rose | risen
□	**temperature** 템프뤄처-	온도, 체온
□	**wind** 윈드	바람, 풍력, ~을 감다 wind | wound | wound
□	**soil** 소어일	흙, 땅, 더럽히다
□	**wild** 와일드	야생의, 사나운
□	**stone** 스토운	돌
□	**mere** 미어	겨우 ~뿐인
□	**rock** 롸크	바위, 락 음악, 흔들다
□	**heaven** 헤븐	천국, 낙원
□	**sky** 스카이	하늘
□	**forest** 풔뤠스트	숲, 산림
□	**island** 아일랜드	섬
□	**wave** 웨이'ㅂ	파도, 흔들다
□	**weather** 웨θ어	날씨
□	**mountain** 마운튼	산(맥), 산악
□	**rain** 뤠인	비(오다)
□	**snow** 스노우	눈(내리다)

☐	**coast** 코우스트	해안, 가까운 바다
☐	**atmosphere** 앨머스피어	대기(권), 분위기
☐	**climate** 클라이멭	기후, 분위기
☐	**grass** 그뢔스	잔디, 풀
☐	**sand** 샌드	모래
☐	**star** 스타	별, 유명인
☐	**web** 웹	거미줄, 인터넷 망
☐	**landscape** 랜드스케잎	경관, 지형
☐	**phenomenon** 퍼나머넌	현상, 비범한 인물
☐	**shore** 쇼어-	물가, 해안
☐	**moon** 문	달
☐	**dust** 더스트	먼지
☐	**hill** 힐	언덕
☐	**storm** 스토엄	폭풍, 격노하다
☐	**lake** 레이크	호수
☐	**valley** 밸리	골짜기
☐	**ocean** 오우션	해양
☐	**pool** 풀	수영장, 웅덩이, 공급
☐	**atlantic** 애틀랜틱	대서양의
☐	**desert** 데저트	사막, 버리다

☐	**sheep** 쉽	양
☐	**beach** 비치	해변
☐	**cloud** 클라우드	구름
☐	**slope** 슬로웊	경사(지다), 기울기
☐	**disaster** 디재스터-	재앙
☐	**planet** 플래닡	행성
☐	**gravity** 그래버티	중력
☐	**pour** 풔어	붓다, 쏟다
☐	**crystal** 크뤼스틀	수정
☐	**tide** 타이드	조류, 조수
☐	**mud** 머드	진흙, 진창
☐	**solar** 쏠라-	태양의
☐	**thermal** θ어-믈	열의, 온도의, 뜨거운
☐	**bay** 베이	만 *지형
☐	**cave** 케이'ㅂ	동굴
☐	**pole** 포울	극(지방), 막대기
☐	**marine** 머륀	바다의, 해병대원
☐	**shower** 샤우어	샤워, 소나기
☐	**breeze** 브뤼ㅈ	산들바람
☐	**satellite** 새털라이트	(인공)위성

37

☐	**cape** 케잎	후드 망토, [지형] 곶
☐	**blast** 블뤠스트	폭발
☐	**gulf** 걸'프	만 *지형
☐	**rainbow** 뤠인보우	무지개
☐	**frost** 프뤄스트	서리, 결빙
☐	**moisture** 뭐이스쳐-	습기
☐	**damp** 댐프	습기(있는), 축축하게 하다
☐	**fog** 풔ㄱ	안개
☐	**pond** 판ㄷ	연못
☐	**magnet** 매그너트	자석, 끌리는 것
☐	**lawn** 런	잔디밭
☐	**ash** 애쉬	재
☐	**cliff** 클리'프	절벽
☐	**clay** 클레이	찰흙
☐	**creek** 크뤽	시냇물
☐	**submarine** 썹머륀	잠수함, 해저의

11. 소리, 전파

☐	**alarm** 알람	경보(기), 놀라게 하다
☐	**tune** 튠	곡, 조율하다
☐	**orchestra** 올케스트라	관현악단

☐	**symphony** 씸퍼니	교향곡
☐	**microwave** 마이크뤄웨이'ㅂ	전자 렌지, 극초단파
☐	**instrument** 인스트러멘ㅌ	기구, 도구, 악기
☐	**song** 쏘엉	노래
☐	**sing** 씽	노래하다 sing | sang | sung
☐	**news** 뉴즈	보도, 소식
☐	**pop** 퐢	대중적인(음악), 튀어 나오다
☐	**solo** 쏠로우	독주, 단독의
☐	**listen** 리슨	듣다, ~로 들리다
☐	**hear** 히어	듣다 hear | heard | heard
☐	**click** 클릭	딸깍
☐	**microphone** 마이크뤄'포운	마이크
☐	**broadcast** 브뤄드캐스ㅌ	방송(하다) broadcast | broadcast | broadcast
☐	**gospel** 가스펄	복음(서), 복음가
☐	**call** 컬	전화(하다), 부르다
☐	**cry** 크롸이	울다, 외치다, 비명
☐	**horn** 혼	뿔
☐	**choir** 크와이어	합창단
☐	**sound** 싸운드	소리, 건강한, 해협, 재다
☐	**loud** 라우드	시끄러운, 큰소리로

☐	**yell** 옐	고함(치다)
☐	**scream** 스크륌	비명(지르다)
☐	**noise** 노이즈	소음
☐	**clap** 클랲	박수(치다)
☐	**buzz** 버즈	윙윙(거리다)
☐	**radio** 뤠이디오우	라디오, 무전기
☐	**opera** 어프러	오페라, 가극
☐	**shout** 샤울	외치다
☐	**rhythm** 리ᇹ음	박자, 주기
☐	**roar** 로—어	으르렁대다, 요란한
☐	**music** 뮤짘	음악
☐	**telegraph** 텔레그뢔'프	전보(보내다)
☐	**telephone** 텔레'포운	전화기, 통화하다
☐	**silent** 싸일런트	조용한, 침묵의
☐	**still** 스틸	아직도, 조용한, 그럼에도 불구하고
☐	**quiet** 콰이어트	조용한
☐	**bell** 벨	종, 방울
☐	**silence** 싸일런스	침묵, 고요
☐	**crash** 크뢔쉬	사고, 추락, 충돌(하다), "쿵!"
☐	**bang** 뱅—	"쾅!", 두드리다

☐	boom 붐	호황, "쾅", 폭등하다
☐	aloud 어라우드	소리 내어
☐	message 메씨지	메시지, 말씀
☐	communication 커뮤니케이션	소통, 통신
☐	network 네트워크	통신망, 네트워크, 관계
☐	peace 피스	평화
☐	chorus 코뤄스	합창, 후렴
☐	whistle 위슬	휘파람(불다)

12. 대화, 토론

☐	accent 엑쎈트	말투, 강조하다
☐	discourse 디스코어스	강연, 토론
☐	lecture 렉처-	강의(하다), 잔소리
☐	encourage 엔커-뤼쥐	용기 주다, 장려하다
☐	alert 얼러-트	경고(하다), 주의하는, 민첩한
☐	warn 워-은	경고[주의]하다
☐	bid 비드	입찰(하다), 명하다 bid | bade, bid | bidden, bid
☐	declare 디클레어	선언[단언]하다
☐	exaggerate 익재저뤠트	과장하다
☐	beg 베그	구걸하다
☐	induce 인두스	유도[설득]하다

41

☐	**scold** 스코울드	꾸짖다
☐	**abuse** 어뷰ㅅ	남용[학대](하다)
☐	**word** 워드	단어, 말
☐	**logic** 로직	논리(학)
☐	**dispute** 디스퓨트	논쟁[저항](하다)
☐	**controversy** 칸트뤄버−씨	논쟁, 논란
☐	**argue** 아−규	언쟁[주장, 논]하다, 다투다
☐	**debate** 디베이트	토론[논쟁](하다)
☐	**joke** 죠우ㅋ	우스개 소리, 장난
☐	**betray** 비트뤠이	배신[누설]하다
☐	**assert** 어써−트	단언[주장]하다
☐	**reply** 뤼플라이	대답[응답](하다)
☐	**answer** 앤서−	대답(하다), 해답
☐	**dialogue** 다이얼러그	대화(하다), 문답, 의견 교환
☐	**remark** 뤼마−ㅋ	발언(하다)
☐	**oral** 오뢀	입의, 말로 하는
☐	**verbal** 붜블	말의, 언어적인
☐	**linguistic** 링귀스틱	언어의
☐	**say** 세이	말[주장]하다 say | said | said
☐	**talk** 턱	말[대화]하다

☐	**relate** 륄레이트	관련시키다, 이해[이야기]하다
☐	**tell** 텔	말하다, 구별하다 tell | told | told
☐	**mention** 멘션	언급[말]하다
☐	**speak** 스픽	말[연설]하다 speak | spoke | spoken
☐	**oath** 오우θ	맹세, 서약
☐	**swear** 스웨어	맹세[욕]하다 swear | swore | sworn
☐	**insult** 인썰트	모욕하다
☐	**voice** 보이ㅅ	목소리, 의견
☐	**describe** 디스크롸이ㅂ	묘사[설명]하다
☐	**nonsense** 난쎈ㅅ	헛소리
☐	**inquire** 인콰이어	문의[조사]하다
☐	**ask** 애스ㅋ	부탁[질문]하다
☐	**fool** 풀	바보(짓 하다), 장난치다
☐	**feedback** 피드백	반응, 의견
☐	**pronounce** 프러나운ㅅ	발음[선언]하다
☐	**announce** 어나운ㅅ	발표하다, 알리다
☐	**publish** 퍼블리쉬	출판[발표]하다
☐	**complain** 컴플레인	불평[항의]하다
☐	**blame** 블레임	비난(하다), 책임
☐	**condemn** 컨뎀	비난[선고]하다

☐	**critique** 크뤼틱	평론, 비평
☐	**criticize** 크뤼티싸이즈	비판[비평]하다
☐	**criticism** 크뤼티씨즘	비판, 비평
☐	**critic** 크뤼틱	비평가, 평론가
☐	**critical** 크뤼티클	비판적인, 중대한
☐	**cynical** 시니클	냉소적인, 빈정대는
☐	**apology** 어펄러쥐	사과, 변명, 옹호
☐	**fraud** 프뤄드	사기
☐	**counsel** 카운슬	조언[상담](하다)
☐	**consult** 컨설트	상담[참고]하다
☐	**description** 디스크뤼션	묘사, 설명, 종류
☐	**preach** 프뤼취	설교[전도]하다
☐	**persuade** 퍼-스웨이드	설득하다
☐	**explain** 익스플레인	설명[해명]하다
☐	**illustrate** 일러스트뤠이트	설명[예시]하다
☐	**rumor** 루머-	소문, 유언비어
☐	**whisper** 위스퍼	속삭이다, 속삭임
☐	**frankly** 프뢍클리	솔직히
☐	**guide** 가이드	안내하다, 안내서
☐	**goodbye** 굳바이	안녕, 작별

☐	**hello** 헤로우	안녕하세요, 이봐
☐	**acquaint** 어쿼인트	알게[익히게]하다
☐	**inform** 인'쭴	알리다, 통지하다
☐	**comment** 카멘트	논평, 해설
☐	**refer** 뤼'퍼–	참조[언급]하다, ~의 탓으로 하다
☐	**language** 랭귀즤	언어
☐	**speech** 스피취	연설, 말투, 말
☐	**advocate** 애드버케일	변호사, 옹호자, 옹호하다
☐	**rhetoric** 퀘터뤽	수사(법), 웅변(술)
☐	**humor** 휴머	웃음, 재치
☐	**temptation** 템테이션	유혹, 시험
☐	**tempt** 템프트	유혹[시험]하다
☐	**response** 뤼스퐌스	대답, 응답, 반응
☐	**respond** 뤼스펀드	대답[응답]하다
☐	**opinion** 어피니언	의견, 여론, 관점
☐	**communicate** 커뮤니케이트	소통[전달]하다
☐	**tale** 테일	이야기, 설화, 소문
☐	**story** 스토뤼	이야기, 소설
☐	**narrate** 네뤠이트	이야기[해설]하다
☐	**address** 애드뤠스	주소, 연설(하다), 말 걸다

☐	greet 그륏	환영[인사]하다
☐	cite 싸일	예를 들다, 인용하다
☐	quote 쿠오울	인용[예시]하다, 견적
☐	read 뤼드	읽다 read | read | read
☐	confess 컨'페스	자백[고백]하다
☐	chat 챗	잡담(하다)
☐	curse 커–스	저주(하다) curse | curst | curst
☐	propose 프러포우즈	제안[청혼]하다
☐	caution 카션	조심, 신중, 경고
☐	contend 컨텐드	주장하다, 다투다
☐	query 퀴뤼	의문
☐	question 퀘스천	질문, 문제, 의문
☐	scandal 스캔들	추문, 수치, 비방
☐	recommend 뤠커멘드	추천[충고]하다
☐	celebrate 셀러브뤠트	축하하다
☐	congratulate 컨그뤠철레이트	축하하다
☐	advise 애드'바이즈	조언[충고]하다
☐	praise 프뤠이즈	칭찬[찬양](하다)
☐	discuss 디스커스	토론[논의]하다
☐	notice 노우티스	인지[공지, 통보](하다)

46

☐	interpret 인터-프릳	해석[통역, 이해]하다
☐	express 익스프레스	표현하다, 급행, 확실한
☐	irony 아이뤄니	반어법, 풍자
☐	tongue 텅-	혀, 말
☐	negotiate 니고우싀에일	협상하다
☐	topic 타픽	주제, 화제
☐	convince 컨'빈스	확신[설득]시키다
☐	council 카운슬	의회, 위원회
☐	session 세션	회의, 기간
☐	conversation 칸버-세이션	대화
☐	bargain 바-겐	흥정(하다), 헐값의

13. 생각, 관념

☐	notion 노우션	개념, 생각
☐	concept 칸쎞트	개념
☐	conception 컨쎞션	개념, 신념, 구상
☐	personality 퍼-서낼러티	개성, 성격, 기질
☐	objective 어브젝티'브	목적, 목표, 객관적인
☐	inspire 인스파이어	영감[자극]을 주다
☐	memory 메머뤼	기억(력), 추억
☐	remember 뤼멤버-	기억[회상]하다

☐	**realize** 뤼얼라이즈	깨닫다, 실현하다
☐	**optimist** 앞터미스트	낙관론자
☐	**arbitrary** 아-비트웨뤼	독단적인, 임의의
☐	**remind** 뤼마인드	생각나게 하다, 다시 알려 주다
☐	**recall** 뤼컬	회상[기억, 소환]하다, 회수
☐	**idea** 아이디어	생각, 사상, 견해
☐	**thought** θ어트	생각, 사상
☐	**aware** 어웨어	아는, 의식하는
☐	**know** 노우	알다, 인식하다 know | knew | known
☐	**embarrass** 엠베뤄스	당황하게 하다
☐	**silly** 씰리	어리석은
☐	**stupid** 스튜피드	어리석은
☐	**clever** 클레버-	영리한, 능숙한
☐	**doubt** 다우트	의심(하다)
☐	**comprehensive** 캄프뤼헨씨'브	종합적인, 이해력 있는
☐	**understand** 언더스탠드	이해하다 understand | understood | understood
☐	**cognitive** 카그너티'브	인식하는
☐	**recognize** 뤠커그나이즈	인정하다, 알아보다
☐	**acknowledge** 액날리직	인정[확인]하다, 고맙다
☐	**perception** 퍼-쎕션	인식, 견해

48

☐	conscious 칸셔ㅅ	의식[자각]하는
☐	perceive 퍼-시'ㅂ	인식하다
☐	forget 풔겥	잊다 forget | forgot | forgot, forgotten
☐	ego 이고우	자아, 자존심
☐	subjective 써브젝티'ㅂ	주관[개인]적인
☐	intelligence 인텔리줜ㅅ	지능, 정보
☐	intellect 인털렠트	지적 능력
☐	intellectual 인털렠츄얼	지적인, 지식인
☐	intelligent 인텔러줜트	지적인, 이성적인
☐	wisdom 위즈덤	지혜
☐	diagnosis 다이ㄱ노우시ㅅ	진단(법)
☐	genius 지녀어ㅅ	천재(성)
☐	rational 뢔셔널	합리[이성]적인
☐	wise 와이ㅈ	현명한
☐	curious 큐뤼어ㅅ	호기심 많은, 이상한

14. 행동, 운동, 놀이

☐	about 어바울	~에 대한, 근처에, 대략
☐	by 바이	~에 의해서, ~까지, ~곁에
☐	to 투	~로, ~쪽으로, ~까지
☐	for '풔	~의, ~에 대해, ~을 위해

☐	**of** 어'ㅂ	~의, ~로 부터의, ~로 된
☐	**be** 비	~이다, 있다 be (am, are, is) | was, were | been
☐	**do** 두	~하다, 행하다 do | did | done
☐	**dare** 데어	~을 감히 하다, 도전(하다)
☐	**awake** 어웨익	깨(우)다, 깨어있는 awake - awoke - awoken
☐	**hug** 허ㄱ	포옹(하다)
☐	**nod** 나ㄷ	끄덕이다, 졸다
☐	**knock** 낙	두드리다, "똑"
☐	**play** 플레이	놀이[경기, 연극, 연주, 재생](하다)
☐	**game** 게임	놀이, 경기
☐	**basketball** 배스킷뽈	농구
☐	**dip** 딥	담그다, 급락(하다)
☐	**draw** 드롸	그리다, 당기다, 무승부 draw | drew | drawn
☐	**gesture** 제스쳐	몸짓, 표현
☐	**use** 유ㅅ	쓰다, 소비하다, 이용(하다)
☐	**conduct** 컨덕트	행동[지도](하다), 전하다
☐	**perform** 퍼'뿜	실행[공연]하다
☐	**executive** 이그제큐티'ㅂ	행정적인, 실행의, 관리자
☐	**sit** 앁	앉다 sit | sat | sat
☐	**baseball** 베이스뽈	야구

☐	**cinema** 씨네마	영화(관)
☐	**movie** 무비	영화(의)
☐	**sport** 스포오어-트	운동
☐	**athlete** 애θ을리-트	운동선수
☐	**fulfil** 풀'필	이행하다
☐	**stand** 스탠드	서다, 견디다, 연단 stand | stood | stood
☐	**wear** 웨어	입다, 착용하다, 닳다 wear | wore | worn
☐	**pose** 포우즈	자세(취하다), 보이다
☐	**stance** 스탠스	입장, 자세, 위치
☐	**asleep** 어슬립	잠들어, 자고 있는
☐	**wake** 웨이크	깨(우)다 wake | woke | woken
☐	**sleep** 슬립	잠(자다) sleep | slept | slept
☐	**apply** 어플라이	적용[신청, 지원]하다
☐	**transact** 트뢘잭트	처리[거래]하다
☐	**administer** 애드미니스터	경영[관리]하다
☐	**soccer** 싸커-	축구
☐	**football** 풋볼	축구, 미식축구
☐	**dance** 댄스	춤(추다)
☐	**coach** 코어취	감독, 지도하다
☐	**snap** 스냎	"찰칵"(찍다)

☐	**flip** 플립	뒤집다
☐	**avoid** 어'붜이드	피하다, 막다
☐	**behavior** 비헤이'비어-	행동
☐	**behave** 비헤이'브	행동하다
☐	**act** 액트	행동[작동, 연기](하다)
☐	**deed** 디드	행위, 업적
☐	**shake** 셰이크	흔들다, 악수하다 shake | shook | shaken
☐	**swing** 스윙	흔들다, 회전(하다), 그네 swing | swung | swung

15. 공간, 장소

☐	**from** '프뤔	~부터, ~에게서
☐	**in** 인	~안에, ~에서, ~후에
☐	**into** 인투	~속으로, ~한 상태로
☐	**inhabit** 인해빗	살다, 거주하다
☐	**at** 엣	~에(서), ~으로
☐	**underlie** 언더라이	기초가 되다 underlie | underlay | underlain
☐	**around** 어롸운드	주변에, 사방에서, 대략
☐	**between** 비트윈	~사이로, ~사이의
☐	**among** 어멍	~의 사이에, ~에 둘러싸여
☐	**amid** 어미드	~의 한복판에
☐	**store** 스토어-	가게, 저장(하다)

☐	shop 쉬앞	가게, 작업장, 쇼핑하다
☐	edge 엔쥐	끝, 가장자리, (칼)날
☐	prison 프리즌	교도소, 가두다
☐	jail 쟤일	교도소
☐	deck 덱	카드 한 벌, 갑판
☐	salon 썰란	상점
☐	street 스트륄	거리
☐	distance 디스턴스	멀어지다, (먼)거리, 간격
☐	living-room 리빙룸	거실
☐	resident 뤠저던트	거주민, 거주하는, 고유의
☐	dwell 드웰	살다, 머무르다 dwell | dwelt | dwelt
☐	absent 압쎈트	부재의, 불참[결석]하다
☐	boundary 바운더뤼	경계(선)
☐	stairs 스테어즈	계단
☐	highway 하이웨이	고속도로
☐	hollow 할로우	공허한, 우묵한
☐	space 스페이스	공간, 우주, 장소
☐	forum 풔럼	광장, 공개토론
☐	park 파크	공원, 주차하다
☐	factory 팩트뤼	공장

53

☐	**airport** 에어포어-트	공항
☐	**classroom** 클래스룸	교실
☐	**campus** 캠퍼스	대학 교정, 분교
☐	**church** 치어어-취	교회
☐	**segment** 세그먼트	구획, 부분, 나누다
☐	**frontier** 프런티어	국경, 미개척지, 최첨단
☐	**border** 보어더-	국경, 경계
☐	**international** 인터내셔늘	국제적인
☐	**palace** 팰러스	궁전
☐	**orbit** 오-빋	궤도(를 돌다)
☐	**there** ə에어	그곳에(서), 거기에, 저기에
☐	**theater** θ이어터	극장, 연극, 관객, 현장
☐	**base** 베이스	기반[기초](하다), 바닥, 기지, 비열한
☐	**road** 롸우드	도로, 길
☐	**way** 웨이	방법, 길
☐	**route** 루트	길, 방법, 수단, 경로
☐	**length** 렝θ	길이, 시간
☐	**deep** 딮	깊은
☐	**profound** 프뤄'파운드	깊은, 심연
☐	**depth** 뎊θ	깊이

☐	country 컨트뤼	국가, 지역, 시골
☐	ferry 페뤼	연락선
☐	internal 인터-늘	내부의, 체내의
☐	widespread 와이드스프뤠드	광범위한, 널리 퍼진
☐	wide 와이드	넓은, 넓게
☐	extent 익스텐트	범위, 정도, 넓이
☐	farm 팜	농장
☐	put 풑	놓다, 두다 put | put | put
☐	lay 레이	(알)낳다, 놓다, 눕히다 lay | laid | laid
☐	lie 라이	눕다, ~있다 lie | lay | lain
☐	lie 라이	거짓말(하다) lie | lied | lied
☐	bridge 브뤼지	다리
☐	next 넥스트	다음에[의], 옆에
☐	metropolitan 메트뤄팔리탄	대도시의, 수도의
☐	avenue 애'베뉴	대로, 방안
☐	continent 칸티넌트	대륙
☐	embassy 엠버씨	대사관
☐	cathedral 커θ이드뤌	대성당
☐	college 컬리즤	대학
☐	university 유니벌-씨티	종합 대학교

55

☐	**dam** 댐	댐, 둑
☐	**farther** 파-ㄹ어	더 멀리, 더 먼, 훨씬
☐	**library** 라이브러뤼	도서관
☐	**city** 씨티	도시
☐	**town** 타운	마을
☐	**urban** 어-번	도시의
☐	**arrive** 어라이'ㅂ	도착[도달]하다
☐	**wander** 완더	방황하다, 헤매다
☐	**tour** 투어	관광, 여행하다
☐	**zoo** 즈우	동물원
☐	**enclose** 인클로우ㅈ	동봉하다, 둘러싸다
☐	**surround** 써롸운드	둘러싸다
☐	**nest** 네스트	둥지, 피난처
☐	**field** 필드	들판, 분야, 현장
☐	**ground** 그롸운드	땅, 운동장, 근거, 기초, *grind의 과거(분사)형
☐	**land** 랜드	땅, 착륙[상륙]하다
☐	**away** 어웨이	떨어져, 떠나, 사라져
☐	**off** 어'ㅍ	끄다, 없어져, 벗어나
☐	**yard** 야-드	마당, 야드 *약 0.9미터
☐	**village** 빌리지	시골 마을

☐	**stay** 스테이	머물다, 지내다
☐	**remote** 뤼마운트	먼, 외딴, 원격의
☐	**distant** 디스턴트	거리가 먼
☐	**far** 파–	먼, 멀리, 매우
☐	**tomb** 툼	무덤
☐	**grave** 그뤠이'ㅂ	무덤, 엄숙한, 조각하다
☐	**gate** 게잍	문, 출입구
☐	**door** 도어	문
☐	**bottom** 바텀	밑(바닥), 기초
☐	**museum** 뮤지엄	박물관, 미술관
☐	**platform** 플랲폼	승강장, 연단, 기반
☐	**room** 룸	방
☐	**chamber** 체임버	방, -실,
☐	**floor** 플로어–	바닥, 층
☐	**barrier** 배뤼어–	장벽, 장애물
☐	**mill** 밀	제작소, 방앗간
☐	**dispose** 디스포우ㅈ	처리[배치]하다
☐	**range** 뤠인쥐	범위, 정렬(하다), 사거리, 산맥
☐	**scope** 스코웊	범위, 영역, -경 *보는 장치
☐	**wall** 월	벽

☐	**hospital** 하스피틀	병원
☐	**section** 섹션	부분, 구역, 절개
☐	**kitchen** 키췬	부엌
☐	**fountain** 퐈운틴	분수, 샘
☐	**sector** 섹터–	부문, 구역, 부채꼴
☐	**office** 아피스	사무실
☐	**circumstance** 써–컴스탠스	환경, 상황, 사정
☐	**habitat** 해비태트	거주지, 서식지
☐	**pub** 펍	술집
☐	**castle** 캐슬	성
☐	**world** 월–드	세계, –계
☐	**global** 글로우블	세계적인, 공 모양의
☐	**estate** 에스테이트	소유지, 재산, 계급
☐	**secular** 쎄큘러–	속세의
☐	**belong** 빌렁	속하다, ~의 것이다
☐	**level** 레'블	수준, 수평, 높이
☐	**spectrum** 스펙트럼	분광, 범위
☐	**province** 프롸빈스	지방, 분야
☐	**rural** 루럴	시골의
☐	**suburb** 써버–브	교외, 외곽

☐	**market** 마-키트	시장
☐	**restaurant** 뤠스뛰란트	레스토랑 *회복되는 식당
☐	**grocery** 그롸우서뤼	식료품점, 식료품류(groceries)
☐	**colony** 칼러니	식민지, 군집
☐	**nowhere** 노우웨어	어디에도 없음
☐	**apartment** 아파트먼트	아파트
☐	**court** 코어트	법정, 경기장, 구애하다
☐	**shallow** 셸러우	얕은, 피상적인
☐	**where** 웨어	어디에(서), ~하는
☐	**inn** 인	여관
☐	**here** 히어	여기(에서), 지금
☐	**margin** 마-쥔	차이, 여백, 이익, 가장자리
☐	**open** 오우쁜	열다, 열린, 공개된
☐	**tropical** 트뢰피클	열대의, 열렬한
☐	**territory** 테뤄뤄뤼	영토, 지역
☐	**domain** 도우메인	영토, 분야, 범위
☐	**influence** 인플루언ㅅ	영향(주다), 효과
☐	**hut** 헡	오두막
☐	**cabin** 캐빈	오두막, 객실
☐	**path** 패θ	작은 길, 통로

☐	**realm** 뤨름	왕국, 영역, 분야
☐	**surgery** 써-져뤼	수술(실), 외과
☐	**alien** 에일리언	외국의, 이질적인, 외계인, 외국인
☐	**exotic** 익쟈틱	이국적인, 외국산의
☐	**foreign** 풔뢴	외국의, 이질적인
☐	**outside** 아울싸이드	밖의, 외부(에)
☐	**external** 엑스터늘	외부(의), 외국의
☐	**bathroom** 배θ룸	욕실, 화장실
☐	**bath** 배θ	욕조, 욕탕, 목욕
☐	**well** 웰	좋게, 잘, 우물
☐	**universe** 유니붜ㅅ	우주, 세계
☐	**canal** 커낼	운하, 수로
☐	**channel** 채늘	해협, 수로, 경로
☐	**circle** 써-클	원형, 동그라미
☐	**location** 로우케이션	위치, 장소
☐	**situation** 쉴츄에이션	상황, 위치, 입장
☐	**position** 퍼지션	위치, 자세, 지위, 입장
☐	**site** 싸일	현장, 위치
☐	**locate** 로우케일	위치를 찾다, 위치시키다
☐	**bank** 뱅ㅋ	은행, 강둑

☐	**parliament** 팔러멘트	의회
☐	**adjacent** 어재이선트	인접한
☐	**studio** 스튜디오우	작업장, 연습실
☐	**cottage** 카티쥐	작은집, 시골집
☐	**place** 플레이스	장소, 놓다, 두다
☐	**coverage** 커'붜뤼쥐	범위, 중계
☐	**station** 스테이션	정거장, 위치, -서 *시설
☐	**summit** 써밑	정상(회담)
☐	**garden** 가－든	정원
☐	**lane** 레인	차선, 오솔길
☐	**narrow** 네롸우	좁은, 좁히다
☐	**county** 카운티	자치주, 행정구역
☐	**context** 칸텍스트	맥락, 상황
☐	**medium** 미디엄	중간의, 수단
☐	**intermediate** 인터미디에잍	중간의, 중급의
☐	**mediate** 미디에이트	중재[조정]하다
☐	**neutral** 뉴트럴	중립의, 공평한
☐	**center** 센터－	중심(지), 중앙(에 두다)
☐	**central** 쎈트럴	중심의, 중심적인
☐	**midst** 믿스트	한가운데, ~중의

☐	**map** 맵	지도
☐	**geography** 쥐아그라휘	지리(학)
☐	**countryside** 컨트뤼사이드	지방, 시골
☐	**local** 로우클	지역의, 현지의, 시골의
☐	**zone** 조운	지역, 구역
☐	**district** 디스트뤽트	지역, 구역
☐	**area** 에뤼어	지역, 면적, 분야
☐	**region** 뤼젼	지역, 영역
☐	**hell** 헬	지옥
☐	**geology** 쥐얼러쥐	지질학
☐	**horizon** 호롸이즌	수평선, 지평선
☐	**clinic** 클린잌	진료소
☐	**house** 하우스	집, 가정
☐	**garage** 거롸쥐	차고, 격납고
☐	**dimension** 디멘션	차원, 관점, 치수
☐	**warehouse** 웨어하우스	창고
☐	**window** 윈도우	창문
☐	**chapter** 챕터	챕터, 구획
☐	**gymnasium** 쥠네이점	체육관
☐	**exit** 엑씻	출구, 나가다

☐	**bedroom** 베드룸	침실
☐	**camp** 캠프	야영지, 주둔지
☐	**corner** 코어너–	모서리, 구석
☐	**tunnel** 터늘	굴(을 뚫다)
☐	**terrace** 테롸스	테라스
☐	**aisle** 아일	복도, 통로
☐	**flat** 플래트	평평(한), 납작한, 균일한
☐	**parallel** 페뤄릴	평행(의), 유사(한)
☐	**width** 윌θ	폭, 너비
☐	**broad** 브뤄드	넓은, 광범위한
☐	**refuge** 뤠퓨즤	피난(처)
☐	**span** 스팬	기간, 간격, 한 뼘
☐	**middle** 미들	중앙(의)
☐	**port** 포–트	항구
☐	**harbor** 하–버–	항구, 피난처
☐	**airline** 에어라인	항공사, 항공로
☐	**abroad** 어브뤄드	해외로, 널리
☐	**oversea** 오우버씨	해외의, 해외로
☐	**barn** 바–은	헛간
☐	**hall** 호얼	복도, 회관

☐	**gallery** 갤러뤼	미술관, 관객
☐	**restroom** 뤠스트룸	화장실 toilet, wash room, lavatory
☐	**toilet** 퉈일렡	화장실
☐	**environment** 인'바이뤈먼트	환경, 상황
☐	**wilderness** 윌더네스	황야
☐	**corridor** 코뤼더-	복도, 통로
☐	**lounge** 라운쥐	대합실
☐	**track** 트뢕	자취(를 쫓다), 선로

16. 상하

☐	**elite** 엘리트	정예
☐	**inferior** 인'퓌리어	열등한, 하급의
☐	**cheap** 췺	저렴한
☐	**integrity** 인테그러티	진실성, 보전
☐	**premium** 프뤼미엄	고급의, 할증금, 상금
☐	**noble** 노우블	고결한, 귀족의
☐	**elegant** 엘러강트	품위 있는, 우아한
☐	**precious** 프뤠셔스	소중한
☐	**extreme** 잌스트륌	극단(적인), 가장 끝의
☐	**super** 쑤퍼	대단한, 최고의, 초-
☐	**fundamental** 펀더멘틀	기본[본질]적인

☐	**basic** 베이식	기본(적인), 기초(의)
☐	**top** 탑	정상(의), 최고의
☐	**low** 로우	낮은, 낮게, 적은
☐	**high** 하이	높은, 높게
☐	**appreciate** 어프뤼쉬-에이트	인정[감사, 감상]하다
☐	**height** 하이트	높이, 키
☐	**leap** 리프	도약(하다) leap | leapt, leaped | leapt, leaped
☐	**superior** 쑤피뤼어-	우수한, 상급의
☐	**usual** 유쥬얼	보통의, 평상시의
☐	**ordinary** 오-디네뤼	일상적인, 평범한
☐	**extraordinary** 익스트로-어디네뤼	비범한
☐	**peak** 픽	꼭대기, 절정
☐	**priority** 프롸이오뤼티	우선(권), 우위
☐	**vertical** 붜티클	수직의, 직립한
☐	**important** 임포어턴트	중요한
☐	**roof** 루'프	지붕
☐	**brilliant** 브륄리언트	빛나는, 뛰어난
☐	**ceiling** 씰링	천장
☐	**supreme** 수프륌	최고의, 최종의
☐	**superb** 쑤퍼브	훌륭한, 최고의

65

☐	**layer** 레이어	층(을 쌓다), 겹(치다)
☐	**excellent** 엑설런트	훌륭한, 우수한
☐	**special** 스페셜	특별한, 전문적인
☐	**particular** 퍼-티큘러-	특정한, 특별한, 자세한, 개별적인
☐	**especially** 이스페셜리	특히

17. 방향

☐	**beyond** 비언드	저편에, ~을 넘어서
☐	**under** 언더	아래에, 미만인, 영향[지배]받는
☐	**above** 어버'브	~위에, ~을 넘는
☐	**over** 오우'버	~을 넘어, ~위에, 끝나서
☐	**behind** 비하인드	~의 뒤에, 뒤떨어져
☐	**below** 비로우	아래에, ~보다 아래
☐	**beside** 비사이드	~의 곁에, ~에 비해서
☐	**toward** 투워드	~쪽으로, ~에 대하여, ~가까이
☐	**reverse** 뤼'붜ㅅ	반대(의), 뒤바꾸다, 되돌리다
☐	**trend** 트뤤드	경향, 유행
☐	**aside** 어싸이드	따로 두고, 곁에, 옆에
☐	**polar** 포울러	극지방의
☐	**out** 아웉	밖에, 나가다
☐	**south** 싸우θ	남쪽(의), 남쪽으로

66

☐	further 퍼-ð어	더욱이, 더 이상의, 촉진하다
☐	orient 어뤼엔트	~을 향하다, 적응하다, 동양
☐	east 이스트	동쪽(의), 동쪽으로
☐	rear 뤼어	후방(의), 기르다, 올리다
☐	follow 팔로우	따라가다, 이해하다
☐	after 애'프터	나중에, ~후에, ~뒤에
☐	back 빽	뒤(로), 등
☐	overhead 오우버헤드	머리 위로
☐	outer 아우더	외부의, 외피의
☐	opposite 아퍼젵	반대의, 맞은편의
☐	upper 어퍼-	위의, 상부의, 상류의, 상위의
☐	north 눠θ	북쪽(의)
☐	west 웨스트	서쪽(의), 서쪽으로
☐	western 웨스터-언	서양의, 서쪽의
☐	down 다운	아래로, 떨어지다, 솜털, 언덕
☐	beneath 비니θ	밑에, ~보다 못한
☐	interior 인티뤼어-	실내, 내부(의)
☐	inner 이너	내부의, 내적인
☐	inside 인싸이드	내부, ~안에
☐	front 프뤈트	정면(의), 앞, 향하다

☐	**ahead** 어헤드	앞쪽에, 앞으로
☐	**forward** 풔워드	앞으로, 전송하다, 나아가게 하다
☐	**side** 사이드	한 쪽, 측면, 옆(의)
☐	**alongside** 얼렁싸이드	옆에, 나란히
☐	**lateral** 래터럴	측면의, 옆으로
☐	**right** 롸잍	오른쪽, 옳은, 권리, 정확한
☐	**correct** 커뤸트	정정하다, 정확한
☐	**left** 레'프트	왼쪽의
☐	**upward** 엎워드	위쪽으로(향한)
☐	**up** 엎	위쪽으로, 상승(하다)

18. 이동, 여행

☐	**attend** 어텐드	참석[주의]하다
☐	**via** 바이아	~을 경유[통]하여
☐	**along** 얼렁	~을 따라서[지나서], ~와 함께
☐	**chase** 최에이스	추적[추구, 재촉]하다
☐	**through** θ루	~을 통해[지나서], 줄곧, 흠뻑
☐	**go** 고우	가다, 떠나다, 되다 go | went | gone
☐	**across** 어크뢰스	가로질러, 교차하여
☐	**bring** 브륑	가져[데려]오다, 일으키다 bring | brought | brought
☐	**cross** 크롸스	십자, 가로지르다

☐	skip 스킾	건너뛰다, 뛰어넘다
☐	walk 월크	걷다
☐	step 스텦	걸음, 발소리, 단계, 밟다
☐	roll 로울	두루마리, 말다
☐	rush 러쉬	돌진하다, 서두르다
☐	creep . 크륖	기어가다 creep | crept | crept
☐	trail 트뤠일	자국, 길, 쫓다
☐	pull 풀	(끌어)당기다
☐	drag 드뢔-ㄱ	끌(리)다, 견인
☐	carry 캐뤼	소지[운반]하다
☐	proceed 프러씨드	나아가다, 계속하다
☐	dash 대쉬	돌진
☐	run 뤈	달리다, 운영[작동]하다 run | ran | run
☐	flee 플리	도망치다, 추방되다 flee | fled | fled
☐	throw θ롸우	던지다, 버리다 throw | threw | thrown
☐	cast 캐스트	출연진, 던지다 cast | cast | cast
☐	pitch 피취	음조, 던지다, 조절하다
☐	toss 퇴ㅅ	던지다, 젖히다
☐	escape 이스케이ㅍ	달아나다, 탈출(하다)
☐	return 뤼터-은	복귀[반환, 보답](하다), 수익(returns)

☐	**leave** 리'ㅂ	떠나다, 놔두다, 맡기다 leave | left | left
☐	**halt** 홢ㅌ	정지(하다)
☐	**stop** 스땊	중단[정지](하다)
☐	**retreat** 뤼트륄	후퇴[은퇴](하다)
☐	**withdraw** 위ㅎ드롸	철수[인출]하다 withdraw | withdrew | withdrawn
☐	**dive** 다이'ㅂ	잠수[급강하](하다) dive | dived, dove | dived
☐	**slide** 스라이드	미끄러지다, 미끄럼틀 slide | slid | slid
☐	**slip** 슬맆	미끄러지다
☐	**transmit** 트뤤즈밑	전하다, 전염시키다
☐	**send** 샌ㄷ	보내다, 전하다 send | sent | sent
☐	**sneak** 스닠	몰래 가다
☐	**transport** 트뤤스포어ㅌ	수송(하다) 교통
☐	**swim** 스윔	수영하다, 헤엄치다 swim | swam | swum
☐	**cruise** 크루즈	순항(하다)
☐	**cycle** 싸이클	순환(하다), 주기, 회전, 자전거
☐	**circulate** 써-큘레이트	순환하다
☐	**passport** 패스풔ㅌ	여권
☐	**trip** 트륖	여행
☐	**journey** 저-니	여행
☐	**travel** 트뢔블	여행[이동]하다

☐	**dynamic** 다이내믹	역동적인, 역학의
☐	**come** 컴	오다, 가다, 도달하다 come | came | come
☐	**transfer** 트뤤스'퍼–	이동[양도, 이적]하다
☐	**exercise** 엑서–싸이즈	운동[연습, 행사](하다)
☐	**motion** 모우션	동작
☐	**mobile** 모우바일	이동 가능한, 휴대 전화
☐	**move** 무'브	이동[이사, 행동](하다)
☐	**operate** 아퍼뤠일	운영[작동, 수술]하다
☐	**immigration** 이미그래이션	이주, 이민
☐	**migration** 마이그뤠이션	이주
☐	**settle** 세틀	해결[정착]하다, 진정되다
☐	**migrate** 마이그뤠일	이주[이동]하다
☐	**immigrate** 이머그뤠인	이민[이주] 오다
☐	**lead** 레드	주도하다, 이어지다, 납 lead | led | led
☐	**trace** 트뤠이스	추적하다, 자취
☐	**haunt** 헌트	출몰하다, 괴롭히다
☐	**convey** 컨'베이	나르다, 전달하다
☐	**jog** 좍	조깅하다
☐	**pursue** 퍼–쑤	추구[추적]하다
☐	**exile** 엑자일	추방, 망명(자)

71

☐	**expedition** 엑스페디션	탐험(대), 원정(대)
☐	**pass** 패스	건네다, 통과[통용]하다
☐	**passage** 패씨지	구절, 통로, 통행
☐	**bounce** 바운스	튀다, 튐, 탄력
☐	**shelter** 셸터	주거지, 피난처, 보호하다
☐	**voyage** 봐이지	항해[여행](하다)
☐	**march** 마-치	행진(하다)
☐	**stir** 스터-	휘젓다, 뒤섞다, 움직이다

19. 속도

☐	**lazy** 레이지	게으른
☐	**haste** 헤이스트	서두르다, 서두름
☐	**crawl** 크뤌	기다, 서행하다
☐	**slow** 슬로우	느린, 늦추다, 천천히
☐	**rapid** 뢔핃	빠른, 신속한
☐	**fast** 패스트	빠른, 빨리, 단식(하다)
☐	**swift** 스위'프트	빠른, 재빨리
☐	**quick** 쿠익	빠른
☐	**velocity** 벨러서티	속도
☐	**pace** 페이스	속도, 보폭, 걷다, 한 걸음
☐	**speed** 스피드	속력, 신속(하게 가다)

☐ **prompt**
프롼프트
즉시, 신속한, ~하게 하다

☐ **summary**
써머뤼
요약한, 즉석의

☐ **already**
얼뤠디
이미, 벌써

☐ **instant**
인스턴트
즉시(의), 순간

☐ **idle**
아이들
게으른, 쉬는

20. 만남, 도달

☐ **reach**
뤼-ㄹ치
~에 닿다[도달하다]

☐ **with**
위θ
~와 함께, ~에 대해, ~을 가진

☐ **on**
안
~위에, ~쪽에, ~으로

☐ **upon**
어판
~의 위에, ~에 대하여

☐ **confront**
컨'프런트
맞서다, 들이대다

☐ **meet**
밑
만나다, 충족시키다, 모임, 회의   meet | met | met

☐ **touch**
터치
만지다, 감동시키다

☐ **fit**
핕
적합한, 적합하다, 건강한   fit | fit | fit

☐ **rub**
뤕
문지르다

☐ **scrub**
스크뤕
문질러 닦다[씻다]

☐ **visit**
비지트
방문(하다)

☐ **manner**
매너
방법, 예절, 태도

☐ **interact**
인터뢕트
상호작용[소통]하다

☐ **introduce**
인트뤄듀-ㅅ
소개[도입]하다

☐	contact 칸택트	연락[접촉](하다)
☐	kiss 키스	입맞춤(하다)
☐	approach 어프롸우치	접근하다
☐	access 액세스	접근, 접속
☐	encounter 인카운터-	(우연히) 만나다, 충돌하다
☐	invite 인'바일	초대하다
☐	compromise 캄프뤄마이즈	타협[화해](하다), 손상시키다
☐	tap 탶	수도꼭지, 톡 치다
☐	pat 패트	쓰다듬다, 꼭 맞는
☐	scratch 스크뢔치	할퀴다, 긁다
☐	interview 인터뷰	인터뷰, 면접

21. 대소, 부피, 질량

☐	poor 푸어	가난한, 부족한, 불쌍한
☐	full 풀	가득한, 완전한, 풍부한
☐	most 모우스트	대부분(의), 최고의
☐	least 리스트	가장 적은[작은], 최소
☐	huge 휴즥	거대한
☐	tremendous 트뤼멘더스	엄청난, 무서운
☐	deficiency 디'피션씨	결핍
☐	scale 스케일	규모, 비례, 등급, 비늘

☐	**particle** 파티클	입자, 먼지, 극소량
☐	**fill** 필	채우다, 가득차다
☐	**too** 투	너무, 또한
☐	**flood** 플러드	홍수, 범람하다
☐	**different** 디'퍼런트	다른, 여러가지의
☐	**mass** 매스	덩어리, 대량의, 대중의, 무리
☐	**very** 브에뤼	아주, 매우, 정말
☐	**even** 이'븐	~조차, 훨씬, 동일한
☐	**another** 어너ㄹ어	또 하나의, 다른
☐	**immense** 이멘스	엄청난
☐	**vast** 배스트	방대한
☐	**enormous** 이노-머스	막대한, 엄청난
☐	**much** 머취	많은, 매우
☐	**many** 메니	많은
☐	**lot** 랏	운, 뽑기(하다)
☐	**rather** 뢔ㄹ어	다소, 꽤, 오히려
☐	**tiny** 타이니	작은, 조그마한
☐	**heavy** 헤'비	무거운, 심각한
☐	**weight** 웨이트	무게(를 더하다), 중요성
☐	**weigh** 웨이	무게(재다), 숙고[중요]하다

☐	**less** 레스	더 적은, ~없이
☐	**rich** 뤼취	부자의, 풍부한
☐	**absence** 앱쎈스	부재, 불참, 결핍
☐	**deficit** 데'피싯	부족(액), 적자
☐	**lack** 랙	결핍, 부족(하다)
☐	**tribe** 트롸이브	부족, 종족
☐	**scarce** 스케어스	부족한, 드문, 적은
☐	**volume** 뷀륨	부피, 양, 음량, 두루마리
☐	**bulk** 벌크	부피, 대량의, 대부분
☐	**blank** 블랭크	비어있는, 공허한
☐	**void** 뷔이드	빈, 비우다
☐	**substantial** 셉스탠셜	상당한, 실질적인
☐	**minimal** 미니멀	최소의, 아주 적은
☐	**quite** 콰잍	아주, 완전히
☐	**few** 퓨	몇몇의, 소수의, 거의 없는
☐	**some** 썸	조금의, 일부의, 어떤~
☐	**slight** 슬라이트	약간의, 가벼운
☐	**somewhat** 썸왓	약간, 어느 정도
☐	**only** 오운리	유일한, 단지, 오직, ~뿐인
☐	**ounce** 아운스	온스 (31g)

☐	**capacity** 커패서티	용량, 수용력, 능력
☐	**magnificent** 매그니'퍼슨트	웅장한, 훌륭한
☐	**grand** 그뢘드	웅장한, 야심 찬
☐	**great** 그뤠잍	위대한, 큰
☐	**bit** 빝	조금, 조각
☐	**little** 리틀	조금, 작은, ~없(-다), ~않(-다)
☐	**small** 스몰	작은, 좁은, 적은, 작게
☐	**proper** 프롸퍼	알맞은, 적절한
☐	**altogether** 얼투게ㄱ어	완전히, 대체로
☐	**utter** 어터–	완전한, 말하다
☐	**whole** 호울	전체의, 모든, 완전한
☐	**entire** 엔타이어–	전체의
☐	**overall** 오우'버뤌	전부, 종합적으로
☐	**gross** 그뤄우ㅅ	총-, 전체의, 역겨운
☐	**half** 할'ㅍ	절반(의)
☐	**exist** 익지스트	존재하다, 있다
☐	**main** 메인	주요한, 중심적인
☐	**major** 메이저–	주요한, 다수의, 전공(하다), 소령
☐	**crucial** 크루–셜	중대한, 결정적인
☐	**significant** 지그니'피컨트	중요한, 유의미한, 상당한

77

☐	**thorough** θ로우	철저한, 완전한
☐	**maximum** 맥시멈	최대의
☐	**utmost** 엍모우스트	최대의, 최고의
☐	**minimum** 미니멈	최소(한도), 최저
☐	**sufficient** 서'피션트	충분한
☐	**enough** 어너'프	충분한, 충분히
☐	**adequate** 애디쿠웨트	충분한, 적당한
☐	**massive** 매시'브	거대한, 덩어리의, 대량의
☐	**magnitude** 매그너투드	규모
☐	**size** 싸이즈	크기, 치수, 규모
☐	**pound** 파운드	무게, 화폐, 치다
☐	**fraction** 프뢕션	부분, 파편, 분수
☐	**average** 애버뤼즈	평균(내다), 손해
☐	**mean** 민	의미[의도]하다, 비열한, 평균의 mean | meant | meant
☐	**abundance** 어번던스	풍부
☐	**abundant** 어반던트	풍부한
☐	**plenty** 플렌티	풍부함

22. 증감, 흥망성쇠

☐	**plus** 플러스	더하기, ~이상의
☐	**accelerate** 액셀러뤠트	가속하다

☐	**degrade** 디그레이드	낮추다, 저하시키다
☐	**descend** 디센드	내려가다, 전해지다
☐	**dump** 덤프	버리다, 쓰레기장
☐	**extend** 익스텐드	확장[연장, 전]하다
☐	**more** 모어	더 많은, 더욱, 더 ~
☐	**add** 애드	더하다, 추가하다
☐	**lift** 리'프트	올리다, 들다, 없애다
☐	**jump** 점프	뛰다, 증가하다
☐	**satisfy** 새티스'파이	만족시키다, 채우다
☐	**gather** 개ㅎ어	모으다, 모이다
☐	**collect** 컬렉트	모으다, 모이다
☐	**assemble** 어셈블	집합[조립]하다
☐	**accumulate** 어큐뮤얼레잍	모으다
☐	**collapse** 컬랩스	붕괴[실패](하다)
☐	**push** 푸식	추진하다, 밀다
☐	**boost** 부스트	밀어주다, 상승, 격려
☐	**develop** 디'벨럽	개발[발전, 발병]하다
☐	**evolve** 이'봘'브	진화[발전]하다
☐	**drain** 드뤠인	배수[배출]하다
☐	**prosper** 프롸스퍼-	번영[성공]하다

☐	**flourish** 플뤄뤼쉬	번창[번성]하다
☐	**strip** 스트륖	벗(기)다, 끈, 띠
☐	**inflate** 인플레잍	부풀게[팽창]하다
☐	**swell** 스웰	부풀다 swell | swelled | swelled, swollen
☐	**disrupt** 디스럽트	방해[분열]하다
☐	**evacuate** 이베큐에잍	대피시키다, 비우다
☐	**empty** 엠프티	비어 있는, 공허한
☐	**deprive** 디프라이'브	빼앗다
☐	**extract** 잌스트뢬트	추출하다, 추출물
☐	**found** 파운드	발견된, 세우다, 설립하다
☐	**institute** 인스터튵	설립[도입]하다, 기관
☐	**grow** 그뢰우	자라다, 늘다, ~되다 grow | grew | grown
☐	**exhaust** 익저스트	탈진[배출, 고갈]시키다
☐	**consume** 컨쑴	소비[섭취]하다
☐	**damage** 대미쥐	손해, 손상, 해치다
☐	**loss** 라스	분실, 상실, 패배
☐	**fail** 페일	실패(하다)
☐	**rid** 뤼드	없애다, 벗어나다
☐	**spill** 스필	흘리다, 유출(하다) spill | spilled, spilt | spilled, spilt
☐	**regression** 뤼그레션	후퇴, 회귀

☐	**climb** 클라임	오르다, 등반, 상승
☐	**mount** 마운트	산, 오르다, 설치하다
☐	**raise** 뤠이즈	높이다, 일으키다, 모으다
☐	**lose** 루즈	잃다, 지다, 줄이다 lose | lost | lost
☐	**stimulate** 스티뮬레이트	자극[격려]하다
☐	**clip** 클립	자르다, 클립
☐	**chop** 촤앞	자르다, 썰다
☐	**cut** 컽	자르다, 삭감(하다), 잘린 cut | cut | cut
☐	**organize** 오-거나이즈	조직[계획]하다
☐	**diminish** 디미니쉬	줄(이)다, 약해지다
☐	**decrease** 디크뤼스	줄(이)다, 감소하다
☐	**shrink** 쉬륑크	수축하다, 줄다 shrink | shrank | shrunk
☐	**reduce** 뤼듀스	줄(이)다, 낮추다
☐	**increase** 인크뤼스	증가하다
☐	**multiply** 멀티플라이	곱하다, 증가시키다
☐	**advance** 에드'밴스	진보[전진, 승진]하다
☐	**launch** 런취	착수[개시, 발사]하다
☐	**build** 빌드	건설[증가]하다 build | built | built
☐	**foundation** 파운데이션	기초, 설립
☐	**create** 크뤼에이트	만들다, 창조[유발]하다

☐	**excess** 엑세스	과다, 초과(한)
☐	**exceed** 익씨드	넘다, 초과하다
☐	**facilitate** 퍼씰리테잍	가능케[촉진]하다
☐	**promote** 프러모우트	촉진[진급]하다
☐	**supplement** 써플러먼트	추가(요금), 보충, 보완, 부록
☐	**start** 스타-트	출발[시작, 시동](하다)
☐	**departure** 디파츄어	떠남, 출발, 벗어남
☐	**corrupt** 커렆트	부패한, 타락한
☐	**spring** 스프링	봄(의)
☐	**fatigue** 패티그	피로, 노고
☐	**tired** 타이어-드	피곤한, 지루한
☐	**weary** 위뤼	피곤한, 싫증난, 지치다
☐	**tire** 타이어	지치다, 타이어
☐	**descent** 디쎈트	하강, 강하, 출신, 상속
☐	**discount** 디스카운트	할인(하다)
☐	**innovation** 이너베이션	혁신
☐	**innovate** 이너베잍	혁신하다
☐	**expand** 잌스팬드	확대[설명]하다
☐	**amplify** 앰플리'파이	확대[증폭]하다
☐	**vigorous** 비거뤄스	활발한, 격렬한

82

☐	active 액티'ㅂ	활동적인, 유효한
☐	activate 액티'베이트	활성화[작동]하다
☐	restore 리스토어	회복[복구]하다
☐	shed 셰드	흘리다, 비추다, 헛간

23. 변화, 변형, 교체

☐	become 비컴	~가 되다, 어울리다 become | became | become
☐	improve 임프루-'ㅂ	개선[향상]시키다
☐	alter 얼터-	변경[변화]하다
☐	convert 칸버-트	바꾸다, 전환하다
☐	reform 뤼'쿔	개혁[개선]하다
☐	divide 디'바이드	나누다, 나뉘다, 분할
☐	deal 딜	거래, 계약 deal | dealt | dealt
☐	turn 터-은	회전[변경](하다), 차례
☐	spin 스핀	회전(하다) spin | spun | spun
☐	upset 헛셑	화나다, 전복하다 upset | upset | upset
☐	detach 디태춰	떼다, 분리[파견]하다
☐	vary 베뤼	다양하다, 바꾸다, 바뀌다
☐	shift 싀-'프트	교대[변동, 이동](하다)
☐	receive 뤼시'ㅂ	받다, 수신[접수]하다
☐	accept 액셒트	수락[인정]하다

☐	**transition** 트랜지션	변천, 전환
☐	**transform** 트랜스'폼	변형[변화, 변압]하다
☐	**change** 채인지	변화[변경](하다)
☐	**complement** 캄플레먼트	보완(하다), 보어
☐	**complicate** 캄플리케잇	복잡하게 하다
☐	**complicated** 캄플리케이티드	복잡한, 복잡하게 하다
☐	**complex** 캄플렉스	복잡한, (건물)단지, 열등감
☐	**share** 셰어	공유[분배](하다), 몫
☐	**distribute** 디스트뤼뷰트	분배하다
☐	**scatter** 스케터	흩뿌리다, 흩어지다
☐	**apart** 어롸–트	떨어져, 분리된, 별개로
☐	**filter** 필터–	필터, 여과하다
☐	**orientation** 오리엔테이션	방향, 지향
☐	**accommodate** 어카머데이트	수용[조절, 적응]하다
☐	**adapt** 어댑트	적응[개조]하다
☐	**switch** 스위치	전환하다, 개폐기
☐	**evolution** 에벌류션	진화, 발전
☐	**squeeze** 스퀴즈	압착(하다), 꽉 쥐다
☐	**split** 스플리트	쪼개다, 쪼개진, 균열 split | split | split
☐	**distort** 디스토–트	비틀다, 왜곡하다

☐	splash 스플래쉬	(물)튀기다
☐	unify 유니'파이	통합하다
☐	unite 유-나일	통합[통일]하다
☐	incorporate 인코어퍼뤠일	통합[법인화]하다
☐	integrate 인터그뤠일	통합하다
☐	pave 페이'브	도로포장하다, 덮다
☐	solve 쌀'브	해결하다, 풀다
☐	allocate 엘러케이트	할당[분배]하다
☐	merge 머-쥐	합병하다
☐	revolution 뤠'벌루션	혁명
☐	blend 블렌드	섞다, 혼합 blend | blent | blent
☐	combine 캄바인	결합[겸비]하다
☐	chemistry 케미스트뤼	화학
☐	absorb 엡즈오-어브	흡수하다, 열중시키다
☐	soak 소우크	적시다, 담그다
☐	pepper 페퍼-	후추, 활기

24. 수수, 교환, 임대

☐	render 뢘더	~(하게) 하다[만들다]
☐	have 해'브	가지다, 얻다, 먹다, 경험하다, 낳다 have | had | had
☐	provide 프러'바이드	제공[준비]하다

☐	**supply** 써플라이	공급(하다), 보충하다
☐	**exchange** 익스채인쥐	교환[환전](하다)
☐	**purchase** 퍼-쳐스	구매[획득]하다
☐	**derive** 디라이'ㅂ	비롯되다, 유래하다
☐	**deposit** 디퐈젤	예금(하다), 보증금, 맡기다, 놓다
☐	**trade** 트뤠이드	거래(하다), 무역
☐	**dedicate** 데디케이트	바치다, 전념하다
☐	**deliver** 딜리버-	배달[연설, 출산]하다
☐	**allocation** 앨러케이션	할당, 배급
☐	**compensation** 캄펜세이션	보상
☐	**earn** 어-은	(돈)벌다, 얻다
☐	**reward** 뤼워-드	보상[보답](하다), 보상금
☐	**compensate** 캄펜세일	보상[보완]하다
☐	**reserve** 뤼저-'ㅂ	예약[비축](하다), 예비
☐	**furnish** 퓌니쉬	비치[제공]하다
☐	**rent** 뤤트	빌리다, 임대(료)
☐	**lend** 렌드	빌려주다, 제공하다 lend | lent | lent
☐	**borrow** 바롸우	빌리다
☐	**buy** 바이	구매하다 buy | bought | bought
☐	**tip** 팊	조언, 사례금, 끝 부분

86

☐	**award** 어워-드	상, 수여하다
☐	**heritage** 헤뤼티즥	유산
☐	**heir** 에어	상속인, 후계자
☐	**inherit** 인헤륃	상속받다, 유전하다
☐	**confer** 컨'퍼-	주다, 회의[상의]하다
☐	**import** 임포어트	수입(하다), 들여오다
☐	**export** 엑스퍼트	수출(하다), 내보내다
☐	**surrender** 서뤤더	항복[포기, 자수](하다)
☐	**gain** 게인	얻다, 증가하다
☐	**obtain** 옙테인	얻다, 손에 넣다
☐	**get** 겥	받다, ~시키다, 얻다, ~되다 get | got | got, gotten
☐	**commit** 커밑	저지르다, 약속하다
☐	**achieve** 어취'브	성취하다
☐	**profit** 프롸'퓌트	이익(을 얻다), 흑자
☐	**benefit** 베네'퓓	이익(이 되다), 혜택
☐	**lease** 리스	임대(하다)
☐	**offer** 아'퍼-	제안[제공](하다)
☐	**give** 기'브	주다 give | gave | given
☐	**grant** 그뢘트	수여[승인, 인정]하다, 보조금
☐	**acquire** 어콰이어-	얻다, 습득하다

☐	**sell** 쎌	팔(리)다, 판매 sell | sold | sold

25. 수, 비율

☐	**a, an** 어, 언	하나의
☐	**the** 드히:	그
☐	**per** 퍼-	-마다, -당
☐	**cost** 카스트	가격, 비용(이 들다) cost | cost | cost
☐	**million** 밀리언	백만(의)
☐	**decade** 데케이드	10년간
☐	**teen** 틴	10대의
☐	**teenage** 티네이쥐	10대의
☐	**dozen** 더즌	12개(의)
☐	**premier** 프뤠미어	제일의, 최초의
☐	**quarter** 쿼-티-	4분의 1, 분기
☐	**single** 싱글	하나의, 혼자의
☐	**majority** 메줘리티	다수(파), 다수결
☐	**double** 더블	이중의, 두 배(가 되다)
☐	**twice** 트와이스	두 번, 두 배로
☐	**dual** 듀얼	둘의, 이중의
☐	**second** 세컨드	두번째(의), 순간, 초
☐	**several** 쎄버럴	몇몇의, 따로따로의

☐	every 에'브뤼	모든, ~마다
☐	all 얼	모든(것), 전체(의)
☐	hundred 헌드뤠드	100(의)
☐	number 넘버	숫자(를 매기다)
☐	multiple 멀티플	다양한, 복합적인
☐	part 퐈ー트	부분, 편, 부품
☐	portion 포ー션	부분, 분할[분배]하다
☐	ratio 뤠이셔우	비율
☐	proportion 프러포어션	비율, 균형, 부분
☐	rate 뤠이트	비율, 요금, 등급, 평가하다
☐	century 쎈츄뤼	세기, 100년
☐	minor 마이너	2류의, 소수의, 부전공
☐	quantity 퀀티티	양, 수량
☐	numerous 뉴머뤄ㅅ	다수의, 수많은
☐	mathematics 매θ어매틱ㅅ	수학
☐	digital 디지틀	디지털식의, 숫자의, 손가락의
☐	billion 빌리연	10억, 수십억(billions)
☐	unique 유닠	유일한, 독특한
☐	sole 소울	유일한, 발바닥
☐	score 스코어ー	점수(를 얻다)

□	point 퍼인ㅌ	요점, (지)점, 가리키다
□	prime 프라임	최고의, 주요한
□	initial 이니셜	처음의, 머리글자
□	thousand θ아우젼드	1,000(의)
□	first 퍼-스ㅌ	첫번째(의), 첫째로
□	primary 프롸이메뤼	제일의, 초기의, 초보의
□	one 원	하나(의), 어떤 사람[것]
□	once 원ㅅ	한 번, 한 때

26. 제한, 양보, 대안

□	till 틸	~(때)까지, 경작하다
□	until 언틸	~(때)까지
□	except 익셉ㅌ	~을 제외하고, 제외하다
□	whereas 웨어애ㅈ	~에 반하여, 그러나
□	confine 컨'파인	한정하다, 가두다
□	select 쎌렉ㅌ	선택[선발]하다
□	choose 츄ㅈ	선택하다 choose | chose | chosen
□	but 벝	그러나, 하지만, ~외에
□	nevertheless 네'버ð얼레ㅅ	그럼에도 불구하고
□	nonetheless 넌ð얼레ㅅ	그럼에도 불구하고
□	however 하우에'버	그러나, 그럼에도 불구하고

☐	**notwithstanding** 낱위θ스텐딩	그럼에도 불구하고
☐	**despite** 디스파일	~에도 불구하고
☐	**else** 엘ㅅ	그 밖에, 다른, 그렇지 않으면
☐	**other** 아ə어	다른(것, 사람), 그 밖의
☐	**exclusive** 잌스클루시'ㅂ	독점적인, 유일한
☐	**immune** 이뮨	면역의, 면제된
☐	**divorce** 디'뷔ㅅ	이혼[분리](하다)
☐	**define** 디'파인	정의[한정]하다
☐	**refine** 뤼'파인	정제하다, 다듬다
☐	**adopt** 어닾ㅌ	채택[입양]하다
☐	**limit** 리미ㅌ	한계, 경계, 제한(하다)
☐	**finite** 파이나일	유한한

27. 선택, 가능성, 추측

☐	**nor** 뉘어	~또한 않(-다)
☐	**than** ə앤	~보다(는), ~뿐
☐	**unless** 언레ㅅ	~이 아니라면
☐	**not** 낱	~아니(-다), ~않(-다)
☐	**assure** 어슈어-	보증[확신]하다
☐	**without** 위ə아울	~이 없이, ~하지 않고
☐	**whether** 웨ə어-	~인지 아닌지

☐	**seem** 씸	~처럼 보이다, ~인 듯하다
☐	**shall** 쉘	~할까?, ~할 것이다, ~하겠다 shall | should | -
☐	**would** 우드	~일 것이다, ~하겠다, ~하려 했다
☐	**should** 슈드	~하겠다, ~해야 하다, ~일 것이다
☐	**assume** 어쑴	가정[추측]하다, 떠맡다
☐	**may** 메이	~일 수도 있다, ~해도 좋다 may | might | -
☐	**will** 윌	~할 것이다, ~일 것이다, 의지
☐	**enable** 이네이블	가능하게 하다
☐	**afford** 어'풔드	~할 여유가 있다
☐	**can** 캔	~할 수 있다, ~해도 좋다, 깡통 can | could | -
☐	**could** 쿠드	~할 수 있(었)다, ~할 수 있었을 텐데
☐	**deserve** 디저-'브	~할 자격이 있다, ~할 만하다
☐	**might** 마이트	아마도, 힘, *may의 과거형
☐	**chance** 챈ㅅ	기회, 우연, 가능성
☐	**possible** 퐈서블	가능한
☐	**virtual** 뷔츄얼	사실상의, 가상의
☐	**hypothesis** 하이퐈θ이세ㅅ	가설
☐	**suppose** 써포우ㅈ	추측[가정]하다
☐	**presume** 프리줌	가정[추측]하다, 주제넘다
☐	**scarcely** 스케어슬리	간신히, 거의 ~않(-다)

☐	hardly 하-들리	거의 ~않다, 고되게
☐	probable 프롸뷰블	그럴듯한, 유력한
☐	almost 얼모우스ㅌ	거의
☐	never 네버	~절대 않(-다), ~한 적 없(-다)
☐	occasion 어케이즌	경우, 때, 행사, 기회
☐	expect 익스펙ㅌ	기대[예상]하다
☐	miracle 미러클	기적(적인)
☐	opportunity 아퍼-투너티	기회
☐	bet 벹	내기(하다), 확신하다 bet | bet | bet
☐	yes 예스	네, 그래
☐	effort 에'퍼-ㅌ	노력, 시도
☐	try 트롸이	시도[노력, 재판](하다)
☐	alternative 얼터-너티'ㅂ	대안(의), 양자택일
☐	gamble 갬블	도박(하다)
☐	challenge 챌린즤	도전(하다), 이의를 말하다
☐	both 보우θ	둘 다
☐	neither 니ð어	둘 다 아닌
☐	either 이ð어	둘 중 하나(의)
☐	seldom 셀덤	~거의 않는, 드물게
☐	admit 에드밑	인정하다, 들이다

☐	**or** 오어	또는, 혹은
☐	**desperate** 데스프뤳	필사[절망]적인
☐	**vague** 베이ㄱ	막연한, 흐린
☐	**otherwise** 아ㅎ어와이즈	그렇지 않으면, 다르게
☐	**if** 이'프	~라면, ~일지, ~라 해도
☐	**clarify** 클래뤄'파이	분명히 (말)하다
☐	**patent** 패튼트	특허, 명백한
☐	**obvious** 압'비어ㅅ	분명한
☐	**manifest** 맨어'페스트	명백한, 명백히 하다, 나타나다
☐	**explicit** 익스플리서트	명백한, 솔직한
☐	**plain** 플레인	분명한, 평지
☐	**apparent** 어페어런트	명백한, 겉보기의
☐	**specific** 스퍼씨'픽	명확한, 특별한, 특정한
☐	**definite** 데'피닡	확실한, 한정된
☐	**adventure** 애드'벤처	모험(하다)
☐	**venture** 벤처	모험적 사업, 모험(하다)
☐	**random** 왠덤	무작위의, 임의의
☐	**believe** 빌리'ㅂ	믿다
☐	**incredible** 인크뤠더블	믿을 수 없는
☐	**reliable** 륄라이어블	믿을 수 있는

☐	insure 인슈어	보험들다, 보장하다
☐	warrant 워뤈트	보증(하다), 영장, 근거
☐	guarantee 개뤈티	보장[약속]하다
☐	evident 에'비던트	분명한
☐	sensible 센서블	분별[알고]있는, 현명한
☐	impossible 임퐈서블	불가능한
☐	obscure 엡스큐어	애매한, 어두운
☐	absurd 엡써-드	불합리한, 어리석은
☐	though ㅎ오우	비록 ~일지라도
☐	although 얼ㅎ오우	비록 ~일지라도
☐	frequent 프리퀀트	빈번한, 자주 가다
☐	imagine 이매쥔	상상[가정]하다
☐	think θ잉ㅋ	생각[상상]하다 think | thought | thought
☐	conceive 컨시'브	생각[이해, 임신]하다
☐	elect 일렉트	선거[선발]하다
☐	option 앞션	선택, 방법
☐	prefer 프리'퍼-	선호하다
☐	consider 컨씨더	여기다, 생각[고려]하다
☐	attempt 어템프트	시도(하다)
☐	trial 트롸이얼	재판, 시도, 실험

☐	**exam** 이그잼	시험, 검사
☐	**test** 테스트	시험[실험, 검사](하다)
☐	**faith** 페이θ	믿음, 신뢰
☐	**credit** 크뤠디트	신용(하다), 외상, 명예
☐	**credible** 크레더블	믿을 수 있는
☐	**trust** 트뤄스트	신뢰, 믿다, 맡기다
☐	**confidence** 칸'퍼던스	신뢰, 자신(감)
☐	**experiment** 익스페뤼먼트	실험(하다)
☐	**laboratory** 롸붜뤠이퉈뤼	실험실(의)
☐	**no** 노우	아닌, 없는, 금지, "아니"
☐	**maybe** 메이비	아마도
☐	**probably** 프롸붜블리	아마도
☐	**perhaps** 퍼-햅ㅅ	아마도
☐	**nothing** 나θ잉	아무것도 아닌, 없음
☐	**none** 넌	없는, 아무도, ~않(-다)
☐	**hint** 힌트	단서(를 주다), 조금
☐	**implicit** 임플리서트	암시된, 내포된, 절대적인
☐	**suggest** 써줴스트	제안[암시]하다
☐	**promise** 프롸미ㅅ	약속(하다), 가망성
☐	**appointment** 어퍼인트먼트	약속, 임명, 지명, 예약

☐	**engage** 엔게이쥐	참여[약속, 고용]하다, 관심 끌다
☐	**which** 윌치	어느(것), ~하는
☐	**any** 애니	어떤, 아무, 조금도
☐	**anticipate** 앤티서페일	기대[예상]하다
☐	**predict** 프리딕트	예언[예보]하다
☐	**forecast** 풔어캐스트	예측(하다) forecast | forecast | forecast
☐	**ridiculous** 뤼디큘래스	웃기는, 터무니없는
☐	**casual** 캐쥬얼	우연한, 간편한, 임시의
☐	**fortunate** 풔튜넽	운 좋은, 다행인
☐	**valid** 밸리드	유효한, 타당한
☐	**intend** 인텐드	의도[의미]하다
☐	**imply** 임플라이	암시[함축]하다
☐	**dependence** 디펜던ㅅ	의존, 신뢰
☐	**depend** 디펜드	의존하다, 믿다 (on, upon)
☐	**rely** 륄라이	의지하다, 믿다 (on, upon)
☐	**resort** 뤼조−어트	휴양지, 의존(하다)
☐	**theory** θ이어뤼	이론
☐	**available** 어'베일러블	(이용) 가능한, 유효한
☐	**happen** 해픈	일어나다, 일이 생기다
☐	**prove** 프루−'ㅂ	증명하다 prove | proved | proven

☐	**likely** 라이클리	~할 것 같은, 아마도
☐	**confident** 칸'피던트	자신 있는
☐	**potential** 퍼텐셜	가능한, 잠재적인
☐	**apt** 앺트	적절한, 쉬운
☐	**absolute** 앱설룻	절대적인, 완전한
☐	**preliminary** 프릴리미네뤼	예비의, 서문, 사전 준비
☐	**prepare** 프뤼페어	준비하다
☐	**ready** 뤠디	준비된, 준비하다
☐	**suspect** 서스펙트	의심[추측]하다, 용의자
☐	**symptom** 심프텀	징후, 증상
☐	**responsible** 휘스퐌서블	책임이 있는, 믿을 수 있는
☐	**liable** 라이어블	책임 있는, ~할 것 같은
☐	**infer** 인'퍼–	추측[의미]하다
☐	**abstract** 앱스트뢕트	추상적인, 추출하다, 추상화
☐	**guess** 게스	추측(하다), ~라 생각하다
☐	**fatal** 페이틀	치명적인, 중요한
☐	**judge** 져즈	판사, 재판하다
☐	**inevitable** 이네비터블	불가피한, 필연적인
☐	**able** 에이블	~할 수 있는, 유능한
☐	**capable** 케이퍼블	~가능한, 유능한

☐	luck 럭	운, 행복
☐	steady 스테디	꾸준한, 확고한, 진정하다
☐	ensure 엔슈어	보증[확실히]하다
☐	positive 파저티'브	긍정[적극]적인, 양성의
☐	certain 써-튼	어떤, 약간, 확실한
☐	sure 슈어	확실한, 확실히, "그래"
☐	confirm 컨'펌	확인[확정]하다
☐	rare 뭬어	희귀한, 희박한

28. 유사, 동등, 나열

☐	versus 벌-수스	~대 VS
☐	approximate 어프롹시메잍	대략의, 근접하다
☐	consist 컨시스트	~로 이루어지다 (of), ~에 있다 (in), 일치하다 (with)
☐	resemble 뤼젬블	닮다, 비슷하다
☐	pretend 프뤼텐드	~인 체하다
☐	as 에즈	~처럼, ~로서, ~이므로, ~와 같이
☐	near 니어	근처에, 가까이, 거의
☐	same 세임	같은, 동일하게
☐	uniform 유니'폼	제복, 획일적인, 균등한
☐	likewise 라일와이즈	마찬가지로, 또한
☐	mirror 미뤄	거울, 반영하다

☐	**furthermore** 퍼-ð어뭐	더욱이, 게다가
☐	**moreover** 모어오우버	게다가
☐	**overlap** 오우'버랩	겹치다
☐	**and** 엔드	그리고, 그래서, 그 다음에
☐	**so** 쏘우	그래서, 매우, 이렇게
☐	**instead** 인스태드	대신에
☐	**substitute** 썹스터투트	대체하다, 대리인
☐	**displace** 디스플레이스	옮기다, 대체하다
☐	**replace** 뤼플레이스	교체[대신]하다,
☐	**equivalent** 이퀴벌런트	동등한
☐	**equal** 이퀠	평등한, 동등한
☐	**coordinate** 코우어디네이트	조율[조직]하다, 동등한
☐	**equation** 이퀘이즌	평형, 방정식
☐	**equate** 이퀘이트	동일시하다
☐	**identical** 아이덴티클	동일한
☐	**also** 얼소우	또한
☐	**imitate** 이미테이트	모방하다
☐	**simulate** 시뮬레이트	모방하다
☐	**reflect** 뤼'플렉트	반사[반영, 숙고]하다
☐	**copy** 카피	복사하다, 사본

☐	**compare** 컴페어	비교하다
☐	**similar** 씨밀러-	비슷한, 닮은
☐	**alike** 얼라익	비슷한, 닮은, 같게
☐	**correlation** 커뤨레이션	상관관계
☐	**mutual** 뮤츄얼	상호간의, 공통의
☐	**mix** 믹ㅅ	섞(이)다, 혼합
☐	**connect** 커넥ㅌ	연결[관련]하다
☐	**relevant** 뤨레'번ㅌ	관련된, 적절한
☐	**associate** 어소우씨에이ㅌ	제휴[연관, 교제]하다, 동료
☐	**analogy** 어낼러쥐-	비슷함, 비유
☐	**metaphor** 메타'풔	은유
☐	**such** 써치	~와 같은, 그러한
☐	**thus** ㅎ어ㅅ	따라서
☐	**according** 어커딩	일치(하다), 조화(시키다)
☐	**link** 링ㅋ	연결, 관련, 고리
☐	**conjunction** 컨정션	합동, 접속사
☐	**interface** 인터'페이스	접점
☐	**harmony** 하-머니	조화, 일치
☐	**reference** 뤠'퍼런스	참조, 언급, 관련
☐	**contrast** 칸트뢔스ㅌ	차이, 대비[대조](하다)

☐	**involve** 인'발'브	포함[참여]하다, 관련시키다
☐	**contain** 컨테인	함유하다, 억누르다
☐	**comprise** 컴프롸이즈	구성[포함, 의미]하다
☐	**include** 인클루드	포함하다
☐	**compound** 컴파운드	혼합(하다), 복잡한
☐	**compatible** 컴패터블	호환[공존]가능한
☐	**identify** 아이덴티'파이	확인[식별]하다

29. 시간, 연대, 때

☐	**during** 두륑	~동안, ~중에, ~사이에
☐	**since** 씬스	~이후로, ~때문에
☐	**within** 위ə인	~이내의, ~속에
☐	**precede** 프뤼씨드	앞서다, 우선하다
☐	**ago** 어고우	~전에
☐	**before** 비'풔	이전에, ~의 앞에
☐	**while** 와일	~하는 동안, 잠시
☐	**autumn** 아텀	가을(철) fall
☐	**sudden** 써든	갑작스런
☐	**pioneer** 파이어니어	개척자, 개척하다
☐	**winter** 윈터-	겨울(의)
☐	**process** 프롸우세ㅅ	과정, 진행[처리](하다)

102

☐	**season** 씨즌	계절
☐	**ancient** 에인션트	고대의, 고대인
☐	**classic** 클래씩	고전[전형]적인
☐	**soon** 순	곧, 빨리
☐	**past** 패스트	과거(의), 지난
☐	**ultimate** 얼티멭	최후의, 최고의
☐	**meantime** 민타임	그동안에, 동시에, 한편
☐	**meanwhile** 민와일	그 동안에, 한편
☐	**then** ə엔	그때(의), 그러고는, 그러면
☐	**period** 피뤼어드	기간, 시기, 시대, 마침표
☐	**term** 텀–	기간, 학기, 용어
☐	**anniversary** 애니'버서뤼	기념일
☐	**await** 어웨이트	기다리다
☐	**wait** 웨이트	기다리다, 기다림
☐	**origin** 어뤼진	기원, 태생, 원인
☐	**genetic** 재네틱	유전적인
☐	**long** 롱	긴, 오래된, 열망하다
☐	**urgent** 어–젼트	긴급한
☐	**constant** 칸스턴트	끊임없는, 불변의
☐	**age** 에이쥐	나이, 시대, 시기

☐	**afterward** 애'프터워드	나중에, 그 후에
☐	**latter** 래터	후자의, 나중의, 마지막의
☐	**day** 데이	하루, 낮, 날
☐	**date** 데이트	날짜, 데이트
☐	**tomorrow** 투머뤄우	내일
☐	**old** 오울드	오래된, 늙은
☐	**elderly** 엘덜리	늙은, 구식의
☐	**late** 레이트	늦은, 늦게, 최근의
☐	**relax** 륄랙스	쉬다, 진정하다
☐	**resume** 뤼줌	재개하다, 개요, 이력서
☐	**again** 어겐	다시, 한 번 더
☐	**subsequent** 써브씨퀀트	다음의, 그 후의
☐	**phase** 페이즈	국면, 양상, 단계(적으로 하다)
☐	**month** 먼θ	달, 월
☐	**calendar** 캘린더-	달력, 일정표
☐	**accompany** 어컴퍼니	동반[수반]하다
☐	**simultaneous** 싸이멀테니어스	동시의
☐	**coincide** 코우인싸이드	일치하다, 동시적이다
☐	**last** 래스트	마지막, 최근의, 계속되다
☐	**final** 파인을	마지막의, 최종

☐	**chronic** 크롸닉	장기간의, 만성적인
☐	**stage** 스테이즤	단계, 무대
☐	**future** 퓨처	미래(의)
☐	**just** 져스트	그냥, 겨우, 정말로, 옳은, 방금
☐	**busy** 비지	바쁜
☐	**repeat** 휘핕	반복(하다)
☐	**night** 나이트	밤(의), 어두움
☐	**overnight** 오우버나잍	밤새, 하룻밤(의)
☐	**minute** 미닡	분, 미세한, 잠깐, 의사록(minutes)
☐	**emergency** 이머-전씨	비상상황
☐	**dawn** 던	새벽
☐	**hurry** 허뤼	서두르다, 재촉하다
☐	**senior** 씨니어	4학년생
☐	**moment** 모우먼트	순간, 중요
☐	**procedure** 프러씨져	순서, 절차, 진행
☐	**habit** 햅잍	습관
☐	**practice** 프뢕티스	연습[실행](하다), 습관
☐	**time** 타임	시간, ~배(곱), 시기
☐	**hour** 아우어	1시간, 시각
☐	**clock** 클락	시계

☐	**era** 에롸	시대, 연대
☐	**yet** 옡	아직, 이미, 그럼에도
☐	**morning** 모오어-닝	아침, 아침마다(mornings)
☐	**breakfast** 브뤡퍼스트	아침 식사
☐	**forth** 풔θ	앞으로, 이후에
☐	**yesterday** 예스터데이	어제
☐	**when** 웬	언제, ~할 때
☐	**always** 얼웨이ㅈ	항상
☐	**ever** 에'버	~한 적(-있다), 항상
☐	**summer** 서머-	여름(의)
☐	**sequence** 씨퀀스	연속, 순서, 배열
☐	**successive** 썩세시'ㅂ	연속하는
☐	**permanent** 풔미넌트	영구적인, 종신의
☐	**eternal** 이터-늘	영원한
☐	**forever** 풔에'버	영원히, 항상
☐	**schedule** 스케쥴	예정표, 시간표
☐	**today** 투데이	오늘(날)
☐	**nowadays** 나워데이ㅈ	요즘에는
☐	**tonight** 투나잍	오늘밤(은)
☐	**A.M.** 에이엠	오전(의)

☐	**afternoon** 애'프터-눈	오후
☐	**P.M.** 피엠	오후(의)
☐	**primitive** 프뤼미티'ㅂ	원시적인, 초기의
☐	**early** 얼-리	일찍, 초기에
☐	**prior** 프롸이어-	~전의
☐	**previous** 프뤼'비어ㅅ	이전의
☐	**annual** 애뉴얼	1년의, 해마다의
☐	**consistent** 컨씨스텐트	한결같은, 일관된
☐	**series** 씨리ㅈ	연속
☐	**routine** 루틴	일상[관례](적인)
☐	**temporary** 템뻐뤠뤼	일시적인, 임시의
☐	**evening** 이'브닝	저녁(의), 밤
☐	**supper** 섶어-	저녁 식사, 만찬
☐	**eve** 이'ㅂ	전날, 저녁
☐	**former** 풔머-	이전의, 전자의
☐	**ongoing** 안고우잉	진행 중인
☐	**lunch** 런춰	점심
☐	**gradual** 그래듀얼	점진적인
☐	**noon** 눈	정오, 한낮
☐	**weekend** 위켄ㄷ	주말(의)

☐	**medieval** 메디'블	중세의
☐	**immediate** 이미디에이트	즉각[직접]적인
☐	**now** 나우	지금
☐	**hitherto** 히ㅎ어투	지금[그때]까지
☐	**current** 커-런트	현재의, 통용된, 흐름
☐	**due** 듀	정당한, ~예정인
☐	**delay** 딜레이	지연(시키다), 미루다
☐	**progress** 프롸-그뤠스	전진[진보, 진행](하다)
☐	**brief** 브뤼'프	잠시의, 간단한
☐	**tick** 틱	째깍(소리), 짧은 시간
☐	**recent** 리쎈트	최근의
☐	**original** 어뤼즈널	원래의, 원본의, 독창적인
☐	**week** 윅	주, 일주일(간)
☐	**together** 투겓어	함께
☐	**year** 이어	연, -살
☐	**modern** 마던	현대적인, 근대의
☐	**contemporary** 컨템퍼뤠뤼	동시대의[현대의](사람)
☐	**actual** 액츄얼	실제의, 현재의
☐	**present** 프뤠즌트	참석한, 현재(의), 선물
☐	**junior** 쥬니어	후배(의), 자식의

☐	**holiday** 할리데이	휴일, 휴가
☐	**often** 어'픈	자주, 흔히

30. 강약

☐	**sink** 싱크	가라앉다 sink | sank | sunk
☐	**stress** 스트뤠스	긴장, 압박, 강조(하다)
☐	**emphasis** 엠'퍼씨스	강조, 중요
☐	**steel** 스틸	강철
☐	**impact** 임팩트	충격, 충돌, 영향
☐	**strong** 스트뤙	강한, 튼튼한, 건강한
☐	**reinforce** 리인'풔스	강화하다
☐	**enhance** 엔핸스	향상하다[시키다]
☐	**intensity** 인텐서티	강함, 집중
☐	**independent** 인디펜던트	독립한, 독자적인
☐	**weak** 윅	약한, 허약한
☐	**shock** 샥	충격, 놀라게 하다
☐	**stroke** 스트로우크	치다, 쓰다듬다, 뇌졸중
☐	**faint** 페인트	희미한, 어지러운, 기절하다
☐	**fade** 페이드	사라지다, 시들다
☐	**strength** 스트렝θ	힘, 세기

31. 평가, 조사, 경험

☐	**value** 밸류	가치, 평가(하다)
☐	**inspect** 인스펙트	검사[점검]하다
☐	**examine** 익제멘	시험[검사]하다
☐	**censor** 쎈서	검열하다, 검열관
☐	**estimate** 에스티메이트	추정[평가, 견적](하다)
☐	**experience** 익스피뤼언스	경험[체험](하다)
☐	**suffer** 써'퍼-	고통 받다, 참다, 겪다
☐	**project** 프러젝트	계획[사업, 투영](하다)
☐	**plan** 플랜	계획(하다)
☐	**program** 프로그램	계획표, 차례, 프로그램
☐	**scheme** 스킴	계획, 설계, 조직, 음모
☐	**study** 스터디	공부[연구](하다)
☐	**discrimination** 디스크뤼미네이션	차별, 차이
☐	**discriminate** 디스크뤼미네이트	구별[차별]하다
☐	**distinguish** 디스팅귀쉬	구별하다
☐	**design** 디자인	디자인[설계](하다)
☐	**find** 파인드	발견하다, 찾다 find | found | found
☐	**detect** 디텍트	발견[감지]하다
☐	**discover** 디스커버-	발견하다, 알아내다
☐	**learn** 러-은	배우다, 알다 learn | learnt, learned | learnt, learned

☐	classify 클래서'파이	분류하다
☐	sort 소어-트	분류하다, 종류
☐	analysis 어낼리시스	분석, 분해
☐	analyze 애널라이즈	분석[분해]하다
☐	research 리서-취	연구[조사](하다)
☐	principle 프린씨플	원칙, 원리, 신념
☐	plot 플랕	음모, 줄거리
☐	examination 익재머네이션	시험, 검사
☐	investigation 인'베스티게이션	조사, 수사
☐	investigate 인'베스티게이트	조사[수사]하다
☐	scan 스캔	조사[검사]하다
☐	search 써-취	찾다, 조사(하다)
☐	seek 싴	찾다, 노력[시도]하다 seek | sought | sought
☐	measure 메저	측정(하다), 단위, 정도, 조치
☐	quest 퀘스트	탐색[탐구](하다)
☐	explore 익스플러-	탐험[탐사]하다
☐	prejudice 프레쥬디스	편견
☐	bias 바이어스	편견, 성향
☐	assess 어쎄스	평가[할당]하다
☐	evaluate 이'밸류에이트	평가하다

	review 리뷰	검토(하다), 비평

32. 지속, 고정, 엄격

	remain 뤼메인	남다, 머무르다
	hang 행	걸다 hang | hung | hung 매달다 hang | hanged | hanged
	endure 엔듀어	참다
	continue 컨티뉴	계속하다
	inherent 인히런트	고유의, 내재된
	static 스태틱	정지한, 정전기의
	set 셋	세우다, 놓다, 세트 set | set | set
	fix 픽스	수리[고정]하다
	persist 퍼씨스트	고집[지속]하다
	insist 인씨스트	고집[주장]하다
	balance 밸런스	균형(을 잡다), 저울, 잔액
	lean 린	기울다, 기대다, 야윈 lean | leant, leaned | leant, leaned
	cling 클잉	매달리다, 달라붙다
	grip 그륍	꽉 잡음, 꽉 쥐다
	mine 마인	채굴하다, 광산, 지뢰, 나의 것
	sustain 서스테인	지속[지탱]하다
	float 플로우트	뜨다, 떠오르다
	band 밴드	악단, 떼, 끈, 주파수

112

☐	bind 바인드	속박하다, 묶다, 굳다 bind | bound | bound
☐	fasten 패슨	묶다, 잠그다
☐	bundle 반들	묶음, 소포
☐	bond 반드	유대감, 채권, 계약, 속박, 접착
☐	bound 바운드	묶인, 튀다, 범위
☐	conservative 컨써-버티'브	보수[전통]적인
☐	retain 뤼테인	유지[억제]하다
☐	conserve 컨써-'브	보존[보호]하다
☐	protect 프러텍트	보호하다
☐	attach 어태취	붙이다, 첨부하다
☐	glue 글루	접착제, 붙이다
☐	seize 씨즈	(붙)잡다, 압류하다
☐	catch 캐취	잡다, 체포하다 catch | caught | caught
☐	grasp 그래숲	꽉 잡다, 이해(하다), 붙잡음
☐	obsess 업쎄스	집착하다(시키다)
☐	possess 퍼제스	소유하다, 지니다
☐	safe 쎄이프	안전한, 금고
☐	secure 씨큐어	확보[보장, 보호]하다, 안전한
☐	stable 스테이블	안정된, 마구간
☐	stern 스터-언	엄격한, 황량한

113

☐	**strict** 스트뤽트	엄격한
☐	**solemn** 쏠럼	엄숙한
☐	**severe** 씨'비어	엄격한, 심각한
☐	**grab** 그뢥	움켜[사로]잡다
☐	**preserve** 프리저-'브	보존[저장]하다
☐	**maintain** 멘테인	유지[주장]하다
☐	**take** 테잌	얻다, 잡다, 가져가다, ~하다 take | took | taken
☐	**hold** 호울드	멈추다, 잡다, 갖다 hold | held | held
☐	**stretch** 스트뤠취	늘리다, 뻗치다
☐	**strain** 스트뤠인	당기다, 긴장(시키다), 부담, 압력
☐	**guideline** 가이드라인	지침, 안내선
☐	**keep** 킾	계속하다, 지키다, 두다 keep | kept | kept
☐	**occupy** 아큐파이	차지[거주]하다
☐	**tape** 테잎	끈, 녹음 테이프
☐	**stream** 스트륌	하천, 흐름, 흐르다
☐	**flow** 플로우	흐름, 흐르다

33. 찬성, 반대

☐	**against** 어겐스트	~에 반대[대비]하여, ~에 기대서
☐	**oppose** 어포우즈	반대[대항]하다
☐	**resist** 뤠지스트	저항[반대]하다

☐	**interfere** 인터-'피어	간섭[방해]하다
☐	**adverse** 애드'붜ㅅ	부정적인, 불리한
☐	**decline** 디클라인	감소, 쇠퇴, 거절하다
☐	**reject** 뤼젝트	거부하다
☐	**counter** 카운터	반대하다, 반대의, 계산대
☐	**cope** 코웊	대항하다, 대처하다, 덮개
☐	**consent** 컨센트	동의, 허락
☐	**agree** 어그뤼	동의[일치]하다
☐	**prevent** 프뤼'벤트	막다, 예방하다
☐	**contrary** 칸트뤠뤼	반대된, 모순된
☐	**rebel** 뤠블	반역자, 반역하다
☐	**react** 리액트	반응[대답]하다
☐	**reaction** 뤼액션	반응, 반발
☐	**check** 쳌	막다, 확인[검사](하다), 수표
☐	**deny** 디나이	부인[거절]하다
☐	**negative** 네거티'ㅂ	부정(적인), 거부(하는), 음성의
☐	**contradict** 칸트뤄딕트	부정하다, 모순되다
☐	**intervene** 인터-'빈	개입[간섭]하다
☐	**passive** 패시'ㅂ	수동적인
☐	**accord** 어코-어ㄷ	부합[협정]하다

☐	**consensus** 컨쎈서스	합심, 합의
☐	**correspond** 코뤼스퐌드	일치[해당]하다
☐	**conform** 컨'폼	따르다, 따르게 하다
☐	**disagree** 디서_그뤼	반대[불일치]하다
☐	**admission** 애드미션	입장(료), 입학, 승인
☐	**frustrate** 프뤄스트뤠일	좌절시키다
☐	**approve** 어프루-'브	찬성[만족]하다
☐	**tackle** 태클	부딪히다, 처리하다
☐	**protest** 프러테스트	항의[반대]하다
☐	**permission** 퍼미션	허가, 면허
☐	**let** 렡	~하게 해주다, 빌려주다 let | let | let
☐	**permit** 퍼-밑	허락[묵인]하다, 허가증
☐	**allow** 얼라우	허락하다, 주다

34. 시작, 원인

☐	**attribute** 애트뤼뷰트	~의 탓이다, ~라고 보다, 속성
☐	**sake** 세이크	유익, 이득
☐	**commence** 커먼스	시작하다
☐	**thereby** ㄷ에어바이	그 때문에
☐	**basis** 베이씨스	기초, 근거, 주성분
☐	**emerge** 이머-쥐	나타나다, 드러나다

☐	**appear** 어피어	나타나다, ~인 것 같다
☐	**occur** 어커–	생기다, 생각나다
☐	**emit** 에밑	방출[발산]하다
☐	**undertake** 언더테잌	책임지다, 착수하다 undertake | undertook | undertaken
☐	**make** 메이크	만들다, 얻다, 되다 make | made | made
☐	**generate** 재너뤠이트	발생[초래]하다
☐	**arise** 어롸이즈	일어나다, 생기다 arise | arose | arisen
☐	**method** 메θ에드	방법, 수단, 절차
☐	**mode** 모우드	형태, 방법, 유행
☐	**emission** 이미션	배출(물), 방사
☐	**background** 빽그롸운드	배경(의)
☐	**incident** 인씨던트	사건
☐	**event** 이'벤트	사건, 행사, 시합
☐	**accident** 액씨덴트	사고, 우연
☐	**condition** 컨디션	조건, 상태, 상황
☐	**leak** 맄	누출(되다), 구멍
☐	**new** 뉴	새로운, 최근의
☐	**fresh** 프뤠쉬	신선한, 상쾌한
☐	**update** 엎데잍	최신화[갱신](하다)
☐	**install** 인스털	설치[임명]하다

117

☐	**initiate** 이니시-에이트	시작[착수, 가입]하다
☐	**begin** 비긴	시작하다 begin | began | begun
☐	**enforce** 엔'풔스	집행[강제]하다
☐	**how** 하우	어떻게, 얼마나, 방법
☐	**why** 와이	왜, 이유
☐	**because** 비커즈	왜냐하면, ~때문에
☐	**element** 엘리먼트	요소, 원소
☐	**factor** 팩터-	요소, 원인
☐	**cause** 커즈	원인, 유발하다
☐	**causal** 커즐	인과적인
☐	**source** 쏘어스	원천, 근원, 출처
☐	**intention** 인텐션	의도
☐	**reason** 뤼즌	이유, 근거, 이성
☐	**goal** 고울	목표, 목적, 득점
☐	**purpose** 퍼-퍼스	목적, 의도(하다)
☐	**destination** 데스터네이션	목적지
☐	**target** 타-겥	표적, 목표(하다)
☐	**course** 코어스	진행, 진로, 과정, 강좌

35. 해결, 결정, 결말

☐	**result** 뤼절트	결과, 유발하다

□	**outcome** 아웃컴	결과, 성과
□	**consequence** 칸서퀀스	결과, 중요성
□	**effect** 이'펙트	영향, 효과, 결과
□	**eventually** 이'벤츄얼리	결국, 마침내
□	**conclusion** 컨클루전	결론, 결말
□	**decide** 디싸이드	결정[결심, 해결]하다
□	**decision** 디씨즌	결정, 판단
□	**determine** 디터-멘	결정하다, 알아내다
□	**therefore** ð에어'풔	그러므로, 그 결과
□	**hence** 헨스	그러므로, 지금부터
□	**end** 엔드	끝(나다), 끝내다
□	**terminate** 터-미네이트	끝내다, 끝나다
□	**conclude** 컨클루드	결론[끝]내다
□	**finish** 피니쉬	끝내다
□	**terminal** 터-미늘	종점, 말기의
□	**close** 클로우즈	닫다, 끝내다, 가까운, 정밀한
□	**shut** 셔트	닫다, 닫은 shut | shut | shut
□	**attain** 어테인	달성하다, 얻다
□	**abandon** 어밴던	버리다, 포기하다
□	**vanish** 밴이쉬	사라지다

☐	**disappear** 디써피어	사라지다, 소멸하다
☐	**delete** 딜리트	지우다
☐	**success** 썩세ㅅ	성공(하다)
☐	**succeed** 썩씨드	성공[승계]하다
☐	**accomplish** 어캄플리쉬	성취[완성]하다
☐	**anyway** 애니웨이	어쨌든, 결국
☐	**complete** 컴플리트	완료하다, 완전한
☐	**solution** 쏠루션	해결, 용해, 분해
☐	**resolve** 뤼잘'ㅂ	결심[분해, 해결]하다

36. 글, 교육, 출판

☐	**degree** 디그뤼	정도, -도, 학위, 등급
☐	**seal** 씰	인장, 봉인하다, 물개
☐	**version** 뷔전	~판, 번역(문)
☐	**teach** 티치	가르치다　teach | taught | taught
☐	**instruct** 인스트럭트	지시하다, 가르치다
☐	**tutor** 튜터	개인 교사
☐	**revise** 뤼'바이즈	수정하다
☐	**board** 보어-드	탑승하다, 판자, 위원회
☐	**covenant** 커'버넌트	약속, 서약
☐	**note** 노우트	메모[주의](하다)

☐	science 싸이언스	과학
☐	textbook 텍스트북	교과서
☐	doctrine 닥트린	교리, 원칙
☐	professor 프로'페서	교수
☐	instruction 인스트럭션	지시, 설명, 교육
☐	education 에듀케이션	교육
☐	curriculum 커뤼큘럼	교육과정
☐	educate 에듀케잍	교육하다
☐	principal 프륀서플	교장, 주요한
☐	literal 리터럴	문자 그대로의
☐	record 뤠코-어드	기록(하다), 기록적인
☐	art 아트	예술, 기술, 인문학(arts)
☐	etc 엩세터롸	기타 등등 and so on
☐	sign 싸인	계약[서명]하다, 신호, 징조
☐	label 레이블	꼬리표(붙이다), 분류하다
☐	tag 태┐	꼬리표(를 달다)
☐	insert 인써-트	삽입하다
☐	content 칸텐트	내용물, 만족하다, 만족하는
☐	thesis θ이씨ㅅ	논제, 논문
☐	script 스크륖트	대본, 필체

☐	**scenario** 씨네리오우	각본
☐	**media** 미디어	대중 매체, 매개물 *medium의 복수형
☐	**portfolio** 포-트'풜리오우	서류첩, 작품집
☐	**database** 데이터베이스	자료 모음
☐	**graph** 그뢔'프	그림, 도표
☐	**chart** 챠-트	도표
☐	**register** 뤠지스터	등록하다
☐	**enroll** 인뤄울	등록[입학]하다
☐	**list** 리스트	목록, 명단
☐	**grammar** 그뢔머	문법
☐	**document** 다큐멘트	서류, 문서
☐	**sentence** 센턴스	문장, 판결(하다)
☐	**literature** 리터래춰	문학
☐	**culture** 컬처	문화, 재배, 교양
☐	**article** 아-티클	기사, 글, 물품
☐	**draft** 드뢔'프트	초안(을 만들다), 바람, 징병
☐	**dictate** 딕테이트	지시[글쓰게]하다
☐	**publication** 퍼블리케이션	출판(물), 발행(물), 발표
☐	**issue** 이슈	주제, 사안, 발행(하다)
☐	**translation** 트뢘슬레이션	번역

☐	**translate** 트랜즈레이트	번역[해석]하다
☐	**statute** 스태츌	법규
☐	**report** 뤼포어트	보고[보도]하다, 보고서
☐	**archive** 아카이브	보관하다
☐	**instance** 인스턴스	예(를 들다)
☐	**text** 넥스트	본문, 원문
☐	**envelope** 엔'블롶	봉투
☐	**extra** 엑스트라	추가의, 엑스트라
☐	**tragedy** 트래거디	비극, 재앙
☐	**formula** 풔뮬라	공식, -식
☐	**affair** 어'페어	사건, 일, 연애
☐	**counterpart** 카운터파트	상대(방), 대응물, 사본
☐	**fact** 팩트	사실, 실제
☐	**dictionary** 딕셔네뤼	사전
☐	**file** 파일	서류철, 보관[제출]하다
☐	**folder** 포울더	서류철, 접는 것
☐	**form** 퓸	형성하다, 형태, 상태
☐	**manual** 매뉴얼	손의, 수동의, 설명서
☐	**questionnaire** 퀘스쳐네어	설문지, 질문사항
☐	**detail** 디테일	세부(사항)

☐	**novel** 나'블	소설, 새로운
☐	**fiction** 픽션	소설, 허구
☐	**modify** 뭐디'파이	수정[변경]하다
☐	**essay** 에쎄이	수필, 시험하다
☐	**homework** 호움월	숙제
☐	**poem** 포우임	시
☐	**poet** 퍼우엘	시인
☐	**newspaper** 뉴즈페이퍼-	신문(사)
☐	**clue** 클루	단서
☐	**write** 롸이트	글쓰다 write | wrote | written
☐	**spend** 스펜드	(돈, 시간) 쓰다 spend | spent | spent
☐	**code** 코우드	암호, 규칙, 법전
☐	**phrase** 프풰이즈	구, 숙어, 말씨
☐	**vocabulary** 보캐뷸러리	어휘, 단어집
☐	**history** 히스퉈리	역사, 이력
☐	**drama** 드롸마	드라마, 희곡
☐	**pencil** 펜슬	연필
☐	**receipt** 뤼씰	영수증
☐	**example** 익잼플	예, 견본
☐	**mail** 메일	우편, 갑옷

124

☐	**verse** 붜스	운문, 시
☐	**agenda** 어젠더	안건
☐	**paradigm** 패러다임	모범, 전형
☐	**narrative** 네뤄티'브	이야기, 서술
☐	**print** 프린트	인쇄(하다)
☐	**diary** 다이어뤼	일기, 일지
☐	**episode** 에피쏘드	사건, 일화
☐	**data** 데이터	자료
☐	**autobiography** 어토바이어그러피	자서전
☐	**magazine** 매거진	잡지
☐	**journal** 저-늘	신문, 잡지, 일지
☐	**author** 아θ어-	저자, 작가
☐	**copyright** 카피롸잍	저작권
☐	**biography** 바이아그러'피	일대기
☐	**poster** 포우스터	벽보
☐	**clause** 클러즈	단락, 절, 조항
☐	**paragraph** 패뤄그뢔'프	절, 단락
☐	**dot** 다트	점
☐	**information** 인풔메이션	정보, 지식
☐	**caption** 캡션	제목, 설명, 자막

125

☐	entitle 엔타이틀	자격[권리]를 주다
☐	treaty 트뤼티	조약, 협정
☐	graduate 그래쥬에잍	졸업하다, 졸업생
☐	theme θ임	주제
☐	subject 썹쟄ㅌ	주제, 과목, 지배받는, ~하기 쉬운
☐	direct 디뤸ㅌ	직접(적인), 감독하다, ~로 가다
☐	eraser 이뤠이서-	지우개
☐	book 붘	책, 예약하다, 장부(기입하다)
☐	spell 스펠	철자를 말하다[쓰다], 마법
☐	philosophy 퓔러써'피	철학
☐	bill 빌	계산서
☐	statistics 스터티스틱ㅅ	통계학
☐	edition 에디션	~판, ~본, ~편
☐	format 풔멭	형식, 체재
☐	page 페이지	페이지, 면, 사환
☐	pen 펜	펜, 가두다
☐	letter 레터-	편지, 글자
☐	compile 컴파이를	수집[편집]하다
☐	edit 에디ㅌ	수정[편집]하다
☐	ticket 티킽	입장권, 딱지

☐	**title** 타이틀	제목, 직위를 주다
☐	**item** 아이템	항목, 물건, 사항
☐	**lesson** 레쓴	수업, 교훈, 갸르치다
☐	**school** 스쿨	학교, 학파, 떼
☐	**academic** 어캐데믹	학문의, 학술적인
☐	**student** 스튜던트	학생, 연구원
☐	**pupil** 퓨플	학생, 눈동자
☐	**academy** 어캐더미	학원, 협회
☐	**scholar** 스칼러	학자
☐	**discipline** 디서플린	규율, 훈련, 연습
☐	**mark** 마-ㅋ	표시(하다), 점수
☐	**grade** 그뤠이드	등급, 성적, -학년

37. 재질, 재료

☐	**leather** 래ᵹ어	가죽
☐	**rubber** 롸버	고무, 지우개
☐	**solid** 쌀리드	고체(의), 단단한
☐	**copper** 카퍼-	구리(의), 동전
☐	**stiff** 스티'프	경직된, 굳은
☐	**gold** 고울드	금(의)
☐	**metal** 메틀	금속(의)

127

☐	**oil** 오일	기름, 석유
☐	**wood** 우드	나무
☐	**bark** 바-ㅋ	짖다, 나무 껍질
☐	**branch** 브뢘취	가지, 지사, 분점
☐	**crop** 크롸	농작물
☐	**rigid** 뤼지드	단단한, 엄격한
☐	**tough** 터'ㅍ	강한, 거친, 고된
☐	**tight** 타일	(꽉)조이는, 엄격한
☐	**marble** 마블	대리석, 구슬
☐	**oak** 오욱	떡갈나무
☐	**cotton** 카튼	면직물, 솜
☐	**silk** 씰ㅋ	비단
☐	**fur** 풔	모피
☐	**timber** 팀버-	목재
☐	**what** 왈	무엇, 어떤(것), 얼마나
☐	**canvas** 캔'버ㅅ	화폭, 삼베
☐	**fiber** 파이버-	섬유
☐	**pine** 파인	소나무, 솔
☐	**software** 솨'프트웨어	프로그램
☐	**thread** θ뭬드	실

128

☐	**string** 스트륑	끈, 실
☐	**stripe** 스트롸이프	줄무늬, 띠
☐	**liquid** 리퀴드	액체
☐	**ice** 아이스	얼음
☐	**smoke** 스모욱	흡연[훈제](하다), 연기
☐	**fluid** 플루이드	유동적인, 부드러운
☐	**glass** 글래스	유리, 잔, 거울
☐	**silver** 씰'버–	은(의)
☐	**paper** 페이퍼–	종이, 서류
☐	**synthesis** 씬 θ 에쎄스	종합, 통합, 합성
☐	**tin** 틴	통조림, 알루미늄
☐	**straw** 스트롸	짚, 빨대
☐	**cloth** 클러 θ	천, 걸레
☐	**fabric** 패브뤽	직물, 구조, 조직
☐	**patch** 패치	조각, 파편, 고치다
☐	**iron** 아이언	철, 다리미(질하다)
☐	**wool** 울	양모, 털실, 모직물
☐	**plastic** 플라스틱	플라스틱

38. 가구, 집기

☐	**furniture** 퓌-니처	가구
☐	**bench** 벤치	긴 의자, 자리
☐	**refrigerator** 뤼'프뤼즤뤠이터	냉장고
☐	**fan** 팬	선[환]풍기, 부채, 광팬
☐	**box** 박ㅅ	상자, 주먹질 하다
☐	**case** 케이ㅅ	경우, 사건, 주장, 상자
☐	**drawer** 드뤄어-	서랍, 속옷(drawers)
☐	**shelf** 셀'ㅍ	선반
☐	**couch** 카우취	소파
☐	**table** 테이블	탁자, 표
☐	**chair** 췌어	의자
☐	**seat** 씰	자리, 앉히다
☐	**cabinet** 캐비닡	장식장, 내각, 회의실
☐	**cupboard** 커버드	찬장
☐	**desk** 데스ㅋ	책상, 사무, 부서
☐	**tent** 텐ㅌ	천막
☐	**bed** 베드	침대
☐	**bin** 빈	쓰레기통, 큰 상자
☐	**39**	사물, 도구

39. 사물, 도구

☐	cage 케이지	새장, 우리
☐	thing θ잉	것, 물건
☐	key 키	열쇠, 비결
☐	computer 컴퓨터-	컴퓨터, 계산기
☐	bar 바-	방해(하다), 술집, 법정, 막대기
☐	chain 채인	사슬, 연쇄
☐	net 넽	그물, 순수한
☐	screen 스크륀	화면, 체, 막, 영화, 가리다
☐	ring 륑	반지, 고리, (종) 울리다 ring | rang, ringed | rung, ringed
☐	gift 기프트	선물, 재능, 증정하다
☐	match 매취	맞먹다, 일치(하다), 성냥, 시합
☐	sheet 쉬트	얇은 판, 종이 장
☐	bag 백	가방, 자루, 봉지
☐	row 롸우	열, 줄
☐	burden 버-든	짐(을 지우다), 부담(시키다)
☐	stick 스틱	붙이다, 찌르다, 지속하다, 막대기 stick | stuck | stuck
☐	club 클럽	모임, 회관, 곤봉
☐	log 러그	통나무, 기록(하다)
☐	wing 윙	날개

☐	**package** 패키쥐	묶음, 포장, 소포
☐	**loop** 루프	고리(형), 순환
☐	**powder** 파우더	가루
☐	**lamp** 램프	등잔
☐	**disk** 디스크	음반, 원반
☐	**arrow** 애로우	화살
☐	**stake** 스테잌	내기(하다), 판돈, 말뚝, 화형대
☐	**battery** 배터뤼	건전지, 한 세트, 구타
☐	**rod** 롸드	회초리, 막대
☐	**prize** 프롸이즈	상, 높이 평가하다
☐	**treasure** 트뤠져	보물, 소중히 하다
☐	**grid** 그뤼드	격자, 석쇠
☐	**tab** 탭	식별표
☐	**statue** 스태츄	조각상
☐	**packet** 패퀱	다발, 봉지
☐	**scissors** 씨저스	가위
☐	**hook** 후크	갈고리, 걸이
☐	**monument** 마뉴먼트	기념비, 기념물
☐	**lid** 리드	뚜껑, 규제
☐	**sack** 쌕	자루, 배낭

☐	**ladder** 래더	사다리, 지위, 단계
☐	**stamp** 스탬프	우표, 도장, 발 구르다
☐	**toy** 트오어가	장난감, 장난하다
☐	**balloon** 벌루운	풍선, 열기구
☐	**pin** 핀	핀(을 박다)
☐	**acquisition** 애퀴지션	습득(물)

40. 의복, 장구류

☐	**dress** 드뤠스	옷을 입다, 드레스
☐	**fashion** 패션	패션, 유행, 관습
☐	**button** 버튼	단추
☐	**suit** 수트	정장, 어울리다, 알맞다, 소송
☐	**hat** 햍	모자
☐	**pocket** 파킽	주머니(의), 소규모의
☐	**coat** 코우트	외투, 덧칠하다
☐	**shoe** 쉬우	신발
☐	**cap** 캪	모자, 뚜껑, 대문자, 최고
☐	**tie** 타이	묶다, 넥타이
☐	**belt** 벨트	허리띠, 지역대
☐	**cord** 코어드	줄, 끈
☐	**needle** 니들	바늘

☐	jacket 재킷	상의, 덮개, 표지
☐	collar 칼러	옷깃
☐	sew 소우	꿰매다
☐	blanket 블랭킽	담요
☐	pad 패드	받침(대), 보호구
☐	trouser 트롸우저	바지(의)
☐	pants 팬츠	바지, 팬티
☐	costume 카스튬	의상, 복장
☐	sock 싹	양말
☐	weave 위'브	짜다, 짜임 weave | wove | woven
☐	umbrella 엄브뷀러	우산
☐	doll 달	인형
☐	glove 글러'브	장갑
☐	boot 부ー트	구두, 이익, 작동
☐	jeans 진즈	청바지
☐	skirt 스컬ー트	치마
☐	curtain 컬ー튼	커튼, 막
☐	suite 스위트	한 벌, 특실

41. 교통, 수송

☐	traffic 트뢔'픽	교통

☐	**anchor** 앵커	닻, 고정하다, 진행자
☐	**sail** 세일	항해(하다), 돛
☐	**drive** 드롸이'브	운전하다 drive | drove | driven
☐	**wheel** 휠	바퀴, 핸들, 돌리다
☐	**ship** 쉽	배(로 보내다), 우주선
☐	**aboard** 어보어-드	탑승한, 합류한
☐	**bus** 버스	버스
☐	**boat** 보우트	작은 배
☐	**van** 밴	승합차
☐	**jet** 젯	제트기, 분출(하다)
☐	**flight** 플라이트	비행, 항공편
☐	**airplane** 에어플랜	비행기
☐	**aircraft** 에어크래'프트	항공기
☐	**vessel** 배슬	그릇, 선박
☐	**passenger** 패쎈져	승객
☐	**crew** 크루	승무원, 패거리
☐	**train** 트뤠인	열차, 훈련하다
☐	**carrier** 캐뤼어-	운송업자, 보균자, 항공모함
☐	**car** 카	자동차 automobile
☐	**automobile** 얼어모비일	자동차

135

☐	**bicycle** 바이씩을	자전거
☐	**brake** 브뤠익	제동[방해]하다
☐	**pilot** 파일럿	조종사, 실험적인
☐	**subway** 서브웨이	지하철, 지하도
☐	**discharge** 디스챠-쥐	배출[이행]하다, 내보내다
☐	**wagon** 웨건	짐마차, 트럭
☐	**cart** 카-트	짐수레, 손수레
☐	**rail** 뤠일	철도, 난간
☐	**carriage** 캐뤼쥐	마차, 탈것
☐	**vehicle** 비히클	운송 수단, 매개물
☐	**ride** 롸이드	타다, 승차 ride | rode | ridden
☐	**load** 로우드	짐(싣다), 작업량
☐	**cab** 캡	택시
☐	**truck** 트뤅	트럭(의)
☐	**helicopter** 헬리캎터	헬기

42. 강제, 의무, 금지

☐	**ought** 옽	~해야 한다, ~임에 틀림없다
☐	**must** 머스트	~해야 하다, ~임이 틀림없다, ~을 꼭 하다
☐	**supervise** 수퍼'바이ㅈ	감독[관리]하다
☐	**oblige** 어블라이쥐	~해야 하다, 돕다

☐	**force** 풔ㅅ	힘, 영향력, 강제하다
☐	**compulsory** 컴펄서뤼	강제[의무]적인
☐	**compel** 컴펠	강요하다
☐	**rob** 롭	강탈하다
☐	**isolate** 아이설레이트	분리하다, 고립시키다
☐	**manage** 매니쥐	관리[경영]하다, 잘 해내다
☐	**reign** 뤠인	통치[지배](하다)
☐	**authority** 어θ위뤼티	권한, 권력, 권위
☐	**prescribe** 프뤼스크라이브	처방[규정]하다
☐	**regulate** 뤠규레이트	규제[조절]하다
☐	**regulation** 뤠귤레이션	법률, 규칙, 규제, 정규의
☐	**rule** 룰	규칙, 지배(하다)
☐	**regular** 뤠귤러	규칙적인, 정규의, 보통의
☐	**quit** 쿠잇	그만두다 quit | quit, quitted | quit, quitted
☐	**ban** 밴	금지[추방](하다)
☐	**prohibit** 프뤄히빗	금지[방해]하다
☐	**forbid** 풔비드	금지하다 forbid | forbade | forbidden
☐	**press** 프뤠ㅅ	언론, 누르다, 압박하다
☐	**slave** 슬레이'ㅂ	노예(의)
☐	**delegate** 델리겥	대표, 대리인, 위임하다

☐	**boss** 뷔ㅅ	사장, 두목, 상사
☐	**drop** 드뢉	떨어지다, (물)방울
☐	**suspend** 서스펜ㄷ	매달다, 중단[연기]하다
☐	**command** 커맨ㄷ	명령[지휘]하다
☐	**urge** 어-쥐	충동, 욕구, 촉구[설득]하다
☐	**interrupt** 인터뤕ㅌ	방해[중단]하다
☐	**exclude** 엑스클루ㄷ	배제[제외]하다
☐	**submit** 섭밑	제출[복종]하다
☐	**obey** 오우베이	복종[준수]하다
☐	**impose** 임포우즈	부과[제재, 강요]하다
☐	**overwhelm** 오우버웰ㅁ	압도하다
☐	**inhibit** 인히빝	억제하다
☐	**restrain** 뤼스트뤠인	억제하다
☐	**constrain** 컨스트뤠인	강제[제한]하다
☐	**threat** θ뤠ㅌ	위협, 협박
☐	**duty** 듀티	의무, 직무, 세금
☐	**obligation** 어블리게이션	의무
☐	**artificial** 아티'피셜	인공의, 인위적인
☐	**lock** 라ㅋ	자물쇠, 잠그다
☐	**eliminate** 일리미네잍	없애다

☐	**remove** 뤼무'ㅂ	제거하다, 옮기다
☐	**restrict** 뤼스트릭ㅌ	제한하다
☐	**intervention** 인터'벤션	개입, 중재
☐	**govern** 거'번	통치[지배]하다
☐	**pause** 퍼즈	중지[휴식](하다)
☐	**cease** 씨ㅅ	중지하다, 그치다
☐	**control** 컨트롸울	지배[통제, 제어](하다)
☐	**prevail** 프뤼'베일	만연하다, 이기다
☐	**dominant** 다미넌ㅌ	지배[압도]적인
☐	**whip** 윞	채찍(질하다)
☐	**arrest** 어뤠스ㅌ	체포[저지]하다
☐	**cancel** 캔설	취소하다
☐	**capture** 캪쳐	포획[포착](하다)
☐	**dismiss** 디스미ㅅ	해산시키다, 해고하다
☐	**undermine** 언더마인	약화[훼손]시키다, 파내다

43. 군사, 갈등, 폭력, 죽음

☐	**bully** 불리	양아치, 괴롭히다
☐	**guard** 가ー드	경비원, 보호하다
☐	**power** 파우어	힘, 권력, 동력
☐	**intense** 인텐ㅅ	강한, 집중적인

☐	**harsh** 하-쉬	가혹한, 거슬리는, 거친
☐	**rough** 뤄'프	거친, 대충의
☐	**knight** 나이트	기사
☐	**sword** 소어-드	검
☐	**scare** 스케어	놀라게[두려워]하다
☐	**aim** 에임	목표[조준]하다
☐	**rage** 뤠이쥐	격분(하다)
☐	**furious** 퓨뤼어스	격노한
☐	**acute** 어큐트	극심한, 예리한
☐	**contempt** 컨템프트	경멸, 모욕, 무시
☐	**rival** 라이'블	경쟁자
☐	**compete** 컴핕	경쟁하다
☐	**race** 뤠이스	경주[경쟁]하다, 인종
☐	**rank** 뢩크	계급, 등급
☐	**trick** 트뤽	속임수, 계략, 장난
☐	**torture** 토어쳐-	고문(하다), 고통
☐	**accuse** 어큐즈	고발[비난]하다
☐	**pain** 페인	고통
☐	**writhe** 롸이ð	몸부림(치다), 비틀다
☐	**attack** 어택	공격(하다)

140

☐	**horror** 호얼-	공포
☐	**fright** 프롸잍	놀람, 두려움
☐	**terror** 테러	공포, 테러
☐	**panic** 팬익	공황상태(의)
☐	**bother** 바ㅎ어	괴롭히다, 신경쓰다
☐	**tease** 티ㅈ	괴롭히다, 놀리다
☐	**disturb** 디스터-ㅂ	방해하다
☐	**troop** 트룹	군대, 떼 (짓다)
☐	**military** 밀리테뤼	군대의
☐	**soldier** 소울져	군인
☐	**radical** 쾌디클	극단[근본]적인
☐	**scramble** 스크뢤블	기어오르다, 뒤섞다
☐	**flag** 플래ㄱ	기, 깃발
☐	**awful** 아'플	굉장한, 끔찍한
☐	**veteran** 베터란	퇴역 군인, 노련한(사람)
☐	**regiment** 쮀즤멘트	연대
☐	**hurt** 허-ㅌ	다치게 하다 hurt | hurt | hurt
☐	**trap** 트뢥	덫(을 놓다)
☐	**thief** θ이'ㅍ	도둑
☐	**dread** 드뤠ㄷ	두려워하다, 공포

☐	**fear** 피어	공포, 불안, 걱정
☐	**afraid** 어'프뤠이드	무서워[걱정]하는
☐	**smash** 스매쉬	박살(내다)
☐	**hit** 힡	(부딪)치다, 적중하다 hit | hit | hit
☐	**spoil** 스풔일	망치다, 상하다 spoil | spoilt | spoilt
☐	**cowboy** 카우'붜이	목동, 무법자
☐	**weapon** 웨폰	무기
☐	**awesome** 어썸	굉장한, 두려운
☐	**terrific** 테뤼'픽	멋진, 무서운
☐	**terrible** 테러-블	끔찍한, 무서운
☐	**problem** 프롸블럼	문제, 어려움
☐	**missile** 미쓸	미사일
☐	**hate** 헤이트	싫다, 증오
☐	**crazy** 크뤠이지	미친, 열광적인
☐	**mad** 매드	미친, 화난
☐	**shot** 쌑	발사[시도](하다)
☐	**bat** 뱉	방망이, 박쥐
☐	**defense** 디'펜스	방어, 변호, 변명
☐	**defend** 디'펜드	방어[변호]하다, 지키다
☐	**shield** 쉴-드	방패, 보호하다

☐	**victory** 빅터뤼	승리
☐	**onset** 안쎌	시작, 습격
☐	**criminal** 크뤼미늘	범죄자, 범법적인
☐	**crime** 크롸임	범죄
☐	**mask** 매스크	마스크, 겉치레, 숨기다
☐	**revenge** 뤼'벤쥐	복수(하다)
☐	**bump** 범쁘	충돌(하다), "쾅!"
☐	**break** 브뤠익	깨지다, 끝내다, 고장, 틈, 휴식 break | broke | broken
☐	**crush** 크러쉬	으깨다, 군중, 좋아함
☐	**struggle** 스트뤄글	분투[노력](하다)
☐	**blow** 블로우	타격, (바람)불다 blow | blew | blown
☐	**disadvantage** 디스애드'밴티쥐	불리함
☐	**handicap** 핸디캡	장애, 불리함
☐	**trouble** 트뤄블	분쟁, 말썽, 어려움
☐	**misery** 미져뤼	고통, 불행
☐	**fierce** 피어ㅅ	격렬한, 사나운
☐	**murder** 머-더	살인(하다)
☐	**rape** 뤠잎	강간(하다)
☐	**patrol** 패트뤄울	순찰(하다)
☐	**assault** 어쎌트	폭행[습격](하다)

☐	**triumph** 트롸이엄프	승리[성공](하다)
☐	**spite** 스파일	앙심, 괴롭히다
☐	**fight** 파일	싸움, 싸우다 fight | fought | fought
☐	**combat** 캄뱉	싸우다
☐	**battle** 배틀	전투, 투쟁하다
☐	**shoot** 슈트	사격[촬영]하다 shoot | shot | shot
☐	**notorious** 노우퇴뤼어스	악명 높은
☐	**hero** 히어로우	영웅, 남자 주인공
☐	**destiny** 데스티니	운명
☐	**fate** 페이트	운명, 운
☐	**crisis** 크롸이시스	위기, 중대 사태
☐	**pinch** 핀츼	꼬집다, 조금
☐	**breach** 브뤼츼	위반, 틈
☐	**outrage** 아울레이쥐	불법행위[격분](하다)
☐	**danger** 데인져-	위험
☐	**risk** 뤼스크	위험(하게 하다)
☐	**hazard** 해저-드	위험(하게 하다)
☐	**trigger** 트뤼거-	방아쇠, 발사[유발]하다
☐	**army** 아-미	육군
☐	**overcome** 오우'버컴	극복[정복]하다 overcome | overcame | overcome

☐	**win** 윈	승리(하다), 획득하다 win | won | won
☐	**drown** 드뤄운	익사하다[시키다], 잠기게 하다
☐	**hostage** 하스티쥐	인질
☐	**suicide** 수이싸이드	자살(하다)
☐	**cruel** 크루-얼	잔혹한, 무자비한
☐	**enemy** 에너미	적
☐	**aggressive** 어그뤠시'브	공격적인
☐	**hostile** 하스틀	적대적인, 반대하는
☐	**strategy** 스트뢔테쥐-	전략
☐	**trophy** 트롸우'피	전리품
☐	**warrior** 워뤼어	전사
☐	**campaign** 캠페인	사회운동, 작전
☐	**war** 워	전쟁
☐	**die** 다이	죽다, 사라지다, 주사위
☐	**dead** 데드	죽은
☐	**mortal** 모어틀	죽을 운명의, 치명적인
☐	**death** 데θ	죽음
☐	**slaughter** 슬러티-	도살, 학살
☐	**kill** 킬	죽이다
☐	**angry** 앵그뤼	화난

☐	**steal** 스틸	훔치다, 절도 steal | stole | stolen
☐	**victim** 브'익팀	희생자, 피해자
☐	**hatred** 헤이트뤠드	증오
☐	**annoy** 어노이	짜증나게[화나게]하다
☐	**irritate** 이뤼테이트	짜증나게 하다
☐	**kick** 킥	차다, 발차기
☐	**appropriate** 어프뢰프뤼에이트	적절한, 도용하다
☐	**gun** 건	총
☐	**bullet** 불릿	총알
☐	**clash** 클래쉬	충돌
☐	**strike** 스트롸익	치다, 때리다, 파업 strike | struck | struck
☐	**beat** 빝	이기다, 때리다 beat | beat | beat, beaten
☐	**invade** 인'베이드	침략[침해]하다
☐	**blade** 블레이드	(칼, 회전) 날
☐	**conflict** 칸'플릭트	갈등, 충돌(하다)
☐	**destruction** 디스트럭션	파괴, 파멸
☐	**wreck** 뤡	조난[파멸](하다)
☐	**destroy** 디스트뤄이	파괴하다
☐	**ruin** 루인	폐허, 파멸(시키다)
☐	**gang** 갱	(범죄) 조직, 무리

☐	**defeat** 디'핕	패배(시키다)
☐	**riot** 롸이어트	폭동
☐	**violent** 바이얼런트	폭력적인, 격렬한
☐	**burst** 버-스트	터지다, 불쑥 가다 burst | burst | burst
☐	**explode** 익스플로우드	폭발하다[시키다]
☐	**bomb** 밤-	폭탄
☐	**harm** 하-암	해(치다)
☐	**navy** 네이'비	해군, 짙은 남색
☐	**injure** 인져-	다치다, 해치다
☐	**escort** 에스코어트	호위(하다), 경호원
☐	**chaos** 케이아스	혼돈, 무질서
☐	**confuse** 컨'퓨즈	혼동하다[시키다]
☐	**disorder** 디소어-더	무질서, 장애, 혼란
☐	**anger** 앵거-	화(내다)
☐	**provoke** 프러'보우ㅋ	도발[유발]하다
☐	**offend** 어'펜드	불쾌하게 하다, 죄를 짓다

44. 종교, 신화, 선악

☐	**pope** 포흎	교황
☐	**bad** 배드	나쁜, 틀린
☐	**wrong** 륑	잘못된, 틀린, 나쁜

147

☐	**moral** 모럴	도덕적인
☐	**magic** 매직	마법, 마술
☐	**nun** 넌	수녀, 여승
☐	**ghost** 거우스트	유령
☐	**ethical** 에θ클	윤리[도덕]적인
☐	**wicked** 위키드	사악한
☐	**bible** 바이블	성경
☐	**priest** 프뤼스트	성직자
☐	**worship** 워–셥	숭배[예배](하다)
☐	**god** 갇	하느님, 신
☐	**sacred** 쎄이크뤼드	신성한
☐	**holy** 호울리	신성한
☐	**divine** 디'바인	신의, 신성한
☐	**temple** 템플	신전, 절
☐	**theology** θ이알러쥐	신학
☐	**myth** 미θ	신화, 미신
☐	**evil** 이'블	악
☐	**vice** 바이스	악덕, 부- *직책
☐	**demon** 디먼	악마
☐	**devil** 데블	악마

148

☐	**nightmare** 나이트메어	악몽
☐	**conscience** 칸션스	양심
☐	**bless** 블레스	축복하다
☐	**ritual** 뤼츄얼	종교의식(의)
☐	**legend** 레젼드	전설
☐	**religion** 륄리젼	종교
☐	**angel** 에인절	천사
☐	**bishop** 비숖	카톨릭 주교
☐	**fantastic** 팬태스틱	환상적인, 상상의

45. 법, 정의

☐	**officer** 어'피서	장교, 공무원
☐	**police** 퍼리스	경찰, 감시하다
☐	**cop** 캎	경찰관
☐	**plaintiff** 플레인티'프	고소인
☐	**fair** 페어	공평한, 상당한, 박람회
☐	**equity** 에퀴티	공평
☐	**jury** 주뤼	배심원, 심사위원
☐	**law** 라	법(학)
☐	**legal** 리글	(합)법적인
☐	**legislation** 레쥐슬레이션	법률, 입법

☐	**legislate** 레직슬레잍	입법하다
☐	**lawyer** 러이어-	변호사
☐	**custody** 커스터디	감금, 보관, 보호, 양육권
☐	**judicial** 쥬디셜	사법의, 재판의
☐	**release** 륄리스	발표[해방]하다, 풀다
☐	**convict** 칸'빅트	죄수, 유죄 선고하다
☐	**guilty** 길티	유죄의, 죄의식의
☐	**conviction** 컨'빅션	유죄 판결, 확신, 설득력
☐	**legitimate** 리'즥티밑	합법적인, 합법화하다
☐	**justify** 져스티'파이	정당화하다
☐	**justice** 져스티스	정의, 재판
☐	**sin** 씬	죄
☐	**proof** 프루-'프	증거, 증명, 견디는
☐	**evidence** 에'베던스	증거
☐	**witness** 윋니스	목격(하다), 증거, 증인
☐	**demonstrate** 데먼스트뤠잍	증명[데모]하다, 보여주다
☐	**testimony** 테스티모우니	증명, 증언, 고백
☐	**testify** 테스터'파이	증명[증언]하다
☐	**punish** 퍼니셔	처벌하다
☐	**defendant** 디'펜던트	피고인

| ☐ | **penalty**
페널티 | 형벌, 벌금, 불이익 |

46. 선행, 봉사

☐	**salvation** 쌜'베이션	구조, 구원
☐	**relief** 륄리'프	완화, 경감, 구조
☐	**rescue** 퀘스큐	구조(하다)
☐	**save** 세이'ㅂ	저장(하다), 구조하다
☐	**willing** 윌링	기꺼이 ~하는, 자발적인
☐	**embrace** 엠브뤠이ㅅ	포옹[수용]하다
☐	**donate** 도우네이트	기부하다
☐	**subscribe** 썹스크롸이ㅂ	기부[서명]하다
☐	**contribute** 컨트뤼뷰ㅌ	기부[기여]하다
☐	**please** 플리ㅈ	즐겁게 하다, 부디
☐	**delight** 딜라이트	유쾌
☐	**glad** 글래ㄷ	기쁜, 반가운
☐	**joy** 줘이	즐거움, 즐기다
☐	**yield** 이일ㄷ	양보[산출](하다)
☐	**help** 헬ㅍ	도움, 돕다
☐	**assist** 어씨스ㅌ	돕다, 지원하다
☐	**aid** 에이ㄷ	도움, 돕다
☐	**compassion** 컴패션	연민, 동정심

☐	**service** 설~'비스	봉사[제공, 근무](하다)
☐	**serve** 써~'ㅂ	제공[근무, 봉사]하다
☐	**relieve** 륄리'ㅂ	진정[구제]하다
☐	**comply** 컴플라이	준수하다, 따르다
☐	**behalf** 비해'프	도움, 대신
☐	**voluntary** 발런테리	자발적인, 자원 봉사
☐	**spontaneous** 스판테니어ㅅ	자발적인
☐	**mercy** 머~씨	자비, 인정
☐	**charity** 채뤼티	자선(단체), 구호(금품)
☐	**support** 써풔ㅌ	지원[유지, 부양]하다
☐	**applicant** 애플리컨ㅌ	신청자, 지원자
☐	**devote** 디'보우ㅌ	바치다, 전념하다
☐	**favor** 페이버~	호의, 친절, 후원
☐	**candidate** 캔디데이ㅌ	후보자
☐	**sacrifice** 새크뤼'파이ㅅ	희생(하다), 제물

47. 위생, 오염, 정돈

☐	**clean** 클린	깨끗한, 순수한, 청소(하다)
☐	**polish** 팔리쉬	광택(내다), 품위
☐	**wipe** 와이ㅍ	닦다
☐	**tidy** 타이디	단정한

☐	**nasty** 내스티	더러운, 불쾌한
☐	**dirty** 덜-티	더러운, 더럽히다
☐	**shave** 셰이'브	면도하다 shave ǀ shaved ǀ shaven
☐	**waste** 웨이스트	쓰레기, 낭비하다
☐	**decay** 디케이	부패하다[시키다], 부패, 부식
☐	**soap** 소웊	비누
☐	**neat** 니트	깔끔한, 정돈된
☐	**laundry** 런드뤼	세탁소, 세탁물
☐	**innocent** 이너쎈트	순진한, 결백한
☐	**pure** 퓨어	순수한
☐	**refuse** 뤼'퓨즈	거절하다, 쓰레기
☐	**wash** 와쉬	씻다
☐	**stain** 스테인	얼룩, 오염, 오점
☐	**pollution** 펄루션	오염, 공해
☐	**pollute** 폴루트	오염시키다
☐	**spot** 스빠트	장소, 지점, 얼룩
☐	**trim** 트륌	다듬다, 정돈(된)
☐	**arrange** 어뤠인쥐	정리[준비, 배열]하다
☐	**array** 어뤠이	배열[정렬]하다
☐	**sweep** 스윞	청소하다, (휩)쓸다 sweep ǀ swept ǀ swept

153

48. 신체, 건강, 질병

☐	**chest** 체스트	가슴
☐	**breast** 브뤠스트	(여자)가슴, 흉부
☐	**nurse** 너-스	간호사, 유모, 보살피다
☐	**health** 헬θ	건강, 보건
☐	**fracture** 프뢕처	골절(시키다), 균열
☐	**joint** 쥐인트	공동의, 관절, 접합
☐	**ear** 이어	귀
☐	**muscle** 머슬	근육
☐	**blonde** 블런드	금발의 (여자)
☐	**cough** 카'프	기침
☐	**naked** 네이키드	벌거벗은, 맨-
☐	**brain** 브뤠인	뇌
☐	**eyebrow** 아이브롸우	눈썹
☐	**brow** 브롸우	눈썹, 이마, 절벽 꼭대기
☐	**leg** 레-ㄱ	다리, 받침대
☐	**diabetes** 다이비티즈	당뇨병
☐	**treat** 트뤨	취급[치료, 대접]하다
☐	**poison** 포이즌	독(약), 해악
☐	**toxic** 탁씩	독성의, 유독한

☐	**revive** 뤼'바이'ㅂ	회복[부활]하다
☐	**headache** 헤데익	두통
☐	**heel** 힐	뒤꿈치
☐	**sweat** 스웰	땀 (흘리다)
☐	**wet** 웰	젖은, 적시다
☐	**lens** 렌즈	렌즈, 수정체
☐	**pulse** 펄ㅅ	맥박, 파동
☐	**head** 헤ㄷ	머리, 수석, ~로 향하다
☐	**hair** 헤어	머리카락, 털
☐	**neck** 넼	목
☐	**throat** θ로우트	목구멍
☐	**body** 바디	몸, 주요부, 무리
☐	**knee** 니	무릎
☐	**lap** 랲	무릎, 한 바퀴, 겹치다
☐	**tattoo** 태투	문신
☐	**virus** 바이러ㅅ	바이러스
☐	**bacteria** 백티뤼어	세균
☐	**foot** 풑	발, 걸음
☐	**toe** 토우	발가락, 발끝
☐	**ill** 일	병든, 나쁜, 나쁘게

☐	**dose** 도우스	(1회)복용량
☐	**welfare** 웰'페어	복지, 행복
☐	**disabled** 디세이블드	불구의, 고장난
☐	**cheek** 칙	뺨
☐	**bone** 보운	뼈
☐	**vulnerable** 벌너러블	취약한
☐	**wound** 운ー드	상처, *wind의 과거(분사)
☐	**injury** 인져뤼	부상, 상처, 피해
☐	**vital** 바이틀	필수적인, 생명의
☐	**gender** 잰더	성별
☐	**sex** 쎅ㅅ	성별, 성관계
☐	**cell** 쎌	세포
☐	**tissue** 티슈	(생체)조직, 직물, 화장지
☐	**hand** 핸드	손, 넘겨주다, 도움
☐	**finger** 프잉거ー	손가락
☐	**palm** 팜	손바닥, 야자수
☐	**brush** 브뤼쉬	닦다, 솔, 붓
☐	**veterinarian** 베터뤼내뤼언	수의사
☐	**breath** 브뤠θ	숨, 입김, 호흡
☐	**heart** 할트	심장, 마음, 애정

☐	**sick** 식	아픈, 병든, 지겨운
☐	**sore** 쏘어	아픈, 슬픈
☐	**pill** 필	알약
☐	**cancer** 캔서-	암
☐	**drug** 드뤄ㄱ	약(물), 마약
☐	**medicine** 메디슨	약품, 의학
☐	**shoulder** 쇼울더	어깨, 짊어지다
☐	**face** 페이ㅅ	얼굴, 표정, 표면, 직면하다
☐	**thumb** θ엄	엄지손가락
☐	**hip** 힢	엉덩이
☐	**organ** 올간	장기, 기관, 오르간
☐	**stomach** 스터마ㅋ	위, 복부
☐	**organic** 올개닉	유기농의, 신체 장기의, 조직적인
☐	**gene** 쥔	유전자
☐	**foster** 퐈스터-	양육[조성]하다
☐	**doctor** 닥터	의사, 박사
☐	**medical** 메디클	의학의
☐	**tooth** 투θ	이(빨)
☐	**forehead** 풔어헤ㄷ	이마, 앞부분
☐	**clinical** 클리니클	임상의, 병실의

☐	**pregnant** 프뤠그넌트	임신한
☐	**mouth** 마우θ	입
☐	**lip** 맆	입술(의)
☐	**matrix** 메이트뤽스	모체, 행렬
☐	**infect** 인'펙트	감염[오염]시키다
☐	**vein** 베인	맥락, 정맥, 광맥
☐	**tumor** 튜머-	종양
☐	**fist** 피스트	주먹, 손
☐	**inject** 인쨱트	주사[주입]하다
☐	**addict** 애딕트	중독시키다
☐	**syndrome** 신드로옴	증후군, 증상
☐	**disease** 디지ᵹ	병(들게 하다)
☐	**spine** 스파인	가시, 척추
☐	**dentist** 덴티스트	치과의사
☐	**remedy** 뤠메디	치료(하다), 요법
☐	**cure** 큐어	치료(하다)
☐	**therapy** θ에뤄피	치료
☐	**heal** 힐	치료하다, 고치다
☐	**jaw** 쟈	턱
☐	**chin** 친-	턱

☐	beard 비어드	수염
☐	arm 암	팔, 무장하다
☐	lung 렁	폐
☐	blood 블러드	피, 혈통
☐	skin 스킨	피부, 가죽
☐	waist 웨이스트	허리
☐	breathe 브뤼ə	숨쉬다, 호흡하다
☐	patient 페이션트	환자, 인내심 있는
☐	recover 뤼커'버	회복[복구]하다
☐	rest 뤠스트	나머지, 휴식(하다)

49. 집단, 공동, 협력

☐	affiliate 어'필리에이트	제휴[합병]하다
☐	join 줘인	가입[합류]하다
☐	combination 캄버네이션	결합, 연합, 조합
☐	contest 칸테스트	대회, 경쟁(하다)
☐	collaborate 컬래붜뤠일	협력하다
☐	intrigue 인트뤼ㄱ	음모 (꾸미다), 흥미를 끌다
☐	pack 팩	짐(싸다)
☐	pile 파일	더미, 많은, 쌓다, 말뚝
☐	picnic 픽닉	소풍

159

☐	**bunch** 번쳐	다발, 묶음, 떼
☐	**cluster** 클러스터-	무리(짓다), 송이
☐	**stack** 스택	무더기, 많음, 쌓다
☐	**concert** 콘써-트	연주회, 협조하다
☐	**entry** 엔트뤼	입장, 가입, 참가
☐	**team** 팀	팀, 조, 단체의
☐	**presence** 프뤠즌스	존재, 출석, 주둔
☐	**class** 클래스	계급, 등급, 학급, 수업
☐	**concentration** 칸슨트뤠이션	집중, 농도, 농축
☐	**intent** 인텐트	의도, 계획, 열중하는
☐	**concentrate** 칸슨트뤠이트	집중[농축]하다
☐	**rally** 뢜리	집회, 모이다, 경주
☐	**participate** 파티써페잇	참가하다
☐	**enter** 엔터	들어가다, 시작하다
☐	**feast** 피스트	연회, 축제
☐	**institution** 인스터튜션	협회, 시설, 제도
☐	**collaboration** 컬래붜뤠이션	협업, 협동
☐	**cooperate** 코우아퍼뤠잇	협력하다
☐	**conference** 칸'퍼런스	회의, 상의
☐	**association** 어소우싁이에이션	협회, 연계, 제휴

160

| ☐ | **mixture**
믹스처– | 혼합[합성](물) |

50. 상업, 경영, 금융

☐	**price** 프롸이스	가격, 가치
☐	**worth** 워–θ	가치(있는), ~할 만한
☐	**career** 커뤼어	직업, 경력
☐	**auction** 억션	경매
☐	**administration** 애드미너스트뤠이션	경영, 행정
☐	**economy** 이카너미	경제, 절약
☐	**calculate** 캘큘레이트	계산[추정]하다
☐	**contract** 칸트뢕트	계약[약혼, 수축](하다), 병걸리다
☐	**account** 어카운트	계좌, 이야기, 설명(하다)
☐	**customer** 커스터머	고객
☐	**client** 클라이언트	고객
☐	**employ** 엠플러이	고용[사용]하다
☐	**hire** 하이어	고용[임대](하다)
☐	**pay** 페이	지불하다, 임금 pay	paid	paid
☐	**enterprise** 엔터–프롸이즈	기업, 사업
☐	**corporate** 코퍼뤹	법인의, 단체의
☐	**surplus** 써–플러스	잉여, 흑자
☐	**agent** 에이전트	대리인, 요원

☐	**attorney** 어터-니	대리인, 변호사
☐	**agency** 에이전씨	대리점, 대행사
☐	**money** 머니	돈, 금전
☐	**coin** 코어인	동전, 신조어를 만들다
☐	**corporation** 코어퍼뤠이션	법인, 회사
☐	**fee** 피	요금, 수수료
☐	**insurance** 인슈어뤈스	보험
☐	**headquarters** 헤드쿼터ㅅ	본사, 본부
☐	**salary** 쎌러뤼	급여
☐	**wealth** 웰θ	부, 재산, 풍부함
☐	**fortune** 풔쳔	행운, 운, 재산
☐	**department** 디파트먼트	부서, 학과
☐	**secretary** 쎄크리테뤼	비서, 장관
☐	**expensive** 엑스펜시'ㅂ	비싼
☐	**debt** 데트	빚
☐	**owe** 오우	~에 신세[빚]지다
☐	**recruit** 뤼크루-트	모집하다, 신병
☐	**clerk** 클러-ㅋ	사무원
☐	**business** 비즈니ㅅ	사업, 기업
☐	**resign** 뤼자인	사퇴[포기]하다

162

☐	**luxury** 럭셔뤼	사치(스런), 사치품
☐	**commerce** 카머-ㅅ	상업
☐	**commercial** 커머-셜	상업적인
☐	**merchant** 머-쳔트	상인(의), 상업의
☐	**symbol** 심블	기호, 상징
☐	**brand** 브랜드	상표, 상품
☐	**goods** 굳즈	상품, 재화
☐	**commodity** 커마디티	상품, 필수품
☐	**tax** 택ㅅ	세금(부과하다)
☐	**count** 카운트	수(를 세다), 계산[중요]하다
☐	**income** 인컴	소득
☐	**retail** 뤼테일	소매(판매하다), 소매의
☐	**possession** 퍼제션	소유(물), 재산, 영토
☐	**commission** 커미션	위임, 수수료
☐	**revenue** 뤠'비뉴	수익
☐	**role** 롤	역할, 임무
☐	**pension** 펜션	연금, 민박
☐	**budget** 버짓	예산, 비용
☐	**fare** 페어	요금, ~되다
☐	**loan** 로운	대출, 빌려주다

163

☐	**retire** 뤼타이어	은퇴하다, 자다
☐	**utilize** 유틸라이즈	이용[활용]하다
☐	**profile** 프로롸일	윤곽, 옆얼굴, 개요
☐	**work** 위-ㅋ	일[작동](하다), 작품
☐	**wage** 웨이쥐	임금(의), 급여
☐	**fund** 펀드	기금, 자금
☐	**capital** 캐피틀	수도, 자본, 주요, 대문자
☐	**asset** 애쎝	자산, 재산
☐	**incentive** 인쎈티'ㅂ	장려(하는), 보상의
☐	**inventory** 인붼뤼뤼	재고, 목록
☐	**property** 프롸퍼티	재산, 특성, 소유(물)
☐	**financial** 파이낸셜	재정적인, 금융의
☐	**finance** 파이낸스	재무, 자금
☐	**mortgage** 뭐기쥐	저당(잡히다), 담보
☐	**stock** 스탘	주식, 저장, 재고, 가축
☐	**assign** 어싸인	배정[임명]하다
☐	**expense** 엑스펜스	비용, 지출
☐	**index** 인덱스	색인, 지표
☐	**task** 태스크	업무, 과제
☐	**profession** 프러'풰션	직업, 전문직

☐	**job** 잡	일(자리), 직업
☐	**occupation** 아큐페이션	직업, 점유, 거주
☐	**vocation** 보우케이션	천직, 직업, 업무
☐	**staff** 스태'프	직원, 막대기
☐	**sum** 섬	합계, 요약
☐	**amount** 어마운트	양, 총계(하다), 총액
☐	**card** 카드	카드, 패, 명함, 엽서
☐	**statistic** 스테티스틱	통계적인
☐	**currency** 커런씨	통화, 유통
☐	**invest** 인'베스트	투자하다
☐	**privilege** 프뤼'빌리즤	특권, 특혜(주다)
☐	**bankrupt** 뱅크뤞트	파산한, 파산자
☐	**sale** 쎄일	판매, 할인
☐	**total** 토우틀	합계(하다), 전체의
☐	**cash** 캐쉬	현금(의)
☐	**audit** 어딭	회계 감사, 청강(하다)
☐	**firm** '펌	확고한, 회사
☐	**company** 컴퍼니	회사, 단체
☐	**member** 멤버	회원, 구성원
☐	**chairman** 체어멘	의장, 회장

☐	**vacation** 베케이션	휴가, 방학
☐	**interest** 인트레스트	관심, 이익, 이자

51. 사회, 이념, 정치

☐	**each** 이취	각각
☐	**individual** 인디'비쥬얼	개인의, 각각의, 특유의
☐	**private** 프라이'베이트	개인적인, 은밀한, 병사
☐	**hierarchy** 하이어롸키	계급제, 계층
☐	**public** 퍼블릭	공공의, 공공연한, 대중
☐	**communist** 카뮤니스트	공산주의자
☐	**official** 어'피셜	공식적인, 공무의
☐	**formal** 풔멀	공식적인, 격식의, 외형의
☐	**common** 카먼	일반적인, 공통의, 대중의
☐	**republic** 휘퍼블릭	공화국, 공화정
☐	**relation** 륄레이션	관계, 관련
☐	**intercourse** 인터코어스	왕래, 성관계
☐	**convention** 컨'벤션	집회, 협정, 관습
☐	**participation** 파티씨페이션	참여, 참가
☐	**nation** 네이션	국가, 전국민
☐	**congress** 캉그리스	의회
☐	**lord** 뤄드	영주, 귀족, 하느님(Lord)

☐	crowd 크롸우드	군중, 많음, 모이다
☐	male 메일	남성(의)
☐	fellow 펠로우	동료
☐	labor 레이붜	노동, 노력, 출산
☐	union 유니언	연합, 결합, 조합
☐	guy 가이	남자
☐	who 후	누구, ~한 사람
☐	unit 유닡	단위, 수량, 장치
☐	ambassador 앰배세더-	대사, 특사, 사절
☐	president 프뤠저던트	대통령, 사장
☐	colleague 칼리그	동료
☐	peer 피어	바라보다, 동료
☐	partner 파트너	동료, 짝, 배우자
☐	companion 컴패니언	동반자, 동료
☐	ally 앨라이	동맹[결합]시키다, 동맹국
☐	establish 에스태블리쉬	설립하다, 세우다
☐	fame 페임	명성, 고유, 평판
☐	group 그룹	집단, 단체
☐	folk 포우ㅋ	민족, 민속의
☐	ethnic 에θ닉	민족의, 인종의

☐	**democracy** 디마크러씨	민주주의
☐	**democrat** 데머크뤧	민주주의자, 민주당원
☐	**category** 카테고리	분류, 범주
☐	**guardian** 가디언	보호자, 감시인
☐	**informal** 인'풔멀	비공식의, 격식 없는
☐	**man** 맨	사람, 남자
☐	**person** 펄슨	사람
☐	**people** 피플	사람들
☐	**privacy** 프라이버시	사생활, 비밀
☐	**society** 서싸이어티	사회
☐	**social** 소우셜	사회의, 사교상의
☐	**sociology** 쏘씨얼러지	사회학
☐	**state** 스테이트	상태, 계급, 주, 말하다
☐	**election** 일렉션	선거
☐	**politics** 팔러틱스	정치(학), 정책
☐	**political** 펄리티클	정치적인
☐	**policy** 팔러씨	정책
☐	**adult** 어덜트	성인(의), 성숙한
☐	**generation** 재너뤠이션	세대, 발생
☐	**tenant** 테넌트	세입자, 소작농

☐	**lady** 레이디	숙녀
☐	**citizen** 씨티즌	시민
☐	**civil** 시'블	시민의
☐	**mayor** 메이어	시장
☐	**gentleman** 젠틀멘	신사
☐	**queen** 쿠인	여왕
☐	**woman** 우먼	여자
☐	**federal** 페더럴	연방의
☐	**king** 킹	왕
☐	**crown** 크롸운	왕관
☐	**royal** 롸이얼	왕(실)의, 장엄한
☐	**prince** 프린스	왕자, 공작
☐	**throne** θ뤄운	왕좌, 즉위(하다)
☐	**diplomat** 디플러매트	외교관
☐	**diplomatic** 디플러매틱	외교적인
☐	**protocol** 프로토우컬	조약, 의례
☐	**captain** 꽵튼	선장, 주장, 대위
☐	**chief** 취'프	최고의, 책임자, -장 *직책
☐	**native** 네이티'브	원주민[원어민]의, 토착의, 타고난
☐	**committee** 커미티	위원회

☐	**celebrity** 쎌러브뤄티	유명인, 명성
☐	**famous** 페임어스	유명한
☐	**infant** 인'팬트	유아의, 초기의
☐	**ceremony** 세뤄모우니	의례, 격식
☐	**ideology** 아이디얼러쥐	이념, 관념(론)
☐	**name** 네임	이름(붙이다)
☐	**human** 휴먼	인간
☐	**population** 파퓰레이션	인구
☐	**popular** 파퓰러-	인기 있는, 대중적인
☐	**mankind** 맨카인드	인류
☐	**racial** 뤠이셜	인종의
☐	**general** 쟤네럴	일반[전반]적인, 장군
☐	**nominate** 나미네이트	지명[임명]하다
☐	**appoint** 어퍼인트	임명[지정]하다
☐	**mission** 미션	임무, 파견, 선교
☐	**self** 쎌'프	자신(의), 자신에게
☐	**own** 오운	자신의, 소유하다
☐	**liberal** 리버뤌	진보주의의, 자유로운
☐	**autonomy** 어타너미	자치권, 자율성
☐	**minister** 미니스터-	장관, 성직자

☐	**funeral** 퓨네럴	장례식
☐	**discretion** 디스크뤠션	재량, 신중함
☐	**respective** 뤼스펙티'ㅂ	각각의
☐	**tradition** 트뤄디션	전통, 전설
☐	**young** 영	젊은, 어린
☐	**youth** 유θ	젊음, 젊은이, 어린이
☐	**party** 파티	정당, 단체, 잔치
☐	**ministry** 미니스트뤼	-부, 정부기관
☐	**empire** 엠파이어-	제국
☐	**regime** 뢔쥠	정권, 체제, 제도
☐	**organization** 오거너제이션	조직(화), 단체
☐	**dignity** 디그너티	위엄, 존엄성
☐	**sovereignty** 쏴'브뤤티	주권
☐	**master** 마스터	주인, 숙련자, 숙달하다
☐	**host** 호우스트	주최하다, 주인
☐	**community** 커뮤니티	공동체, 지역사회
☐	**status** 스테티스	상태, 신분
☐	**pair** 페어-	한 쌍, 한 벌, 짝짓다
☐	**mate** 메이트	동료, 친구, 배우자
☐	**virgin** 버-진	처녀(의), 순수한

171

☐	**adolescent** 애덜레쓴트	청소년의
☐	**audience** 아디언스	관객, 청중
☐	**system** 씨스템	체계, 체제, 조직
☐	**vote** 보우트	투표(하다)
☐	**poll** 포울	선거[투표]하다
☐	**reputation** 췌퓨테이션	명성
☐	**custom** 커스텀	습관, 전통
☐	**couple** 커플	한 쌍의, 부부, 연결하다
☐	**alone** 얼론	홀로, 외로운
☐	**emperor** 엠퍼러-	황제
☐	**imperial** 임피뤼얼	제국의, 황제의

52. 산업, 기술, 공학

☐	**construction** 컨스트럭션	건설, 건축, 공사
☐	**construct** 컨스트럭트	건설하다
☐	**architecture** 아-키텍처	건축학, 양식, 구조
☐	**architect** 아커텍트	건축가, 설계자
☐	**sample** 쌤플	예, 견본
☐	**specimen** 스페씨멘	표본, 견본
☐	**defect** 디'펙트	결함, 단점, 도망가다
☐	**devise** 디'바이즈	고안[발명]하다

☐	**pick** 픽	선택(하다), 쪼다, 곡괭이
☐	**engineer** 엔지니어	기술자, 공학자
☐	**mineral** 미네럴	광물, 무기물
☐	**miner** 마이너	광부, 채광기
☐	**punch** 펀치	주먹으로 치다, 구멍(뚫다)
☐	**machine** 머쉰	기계
☐	**mechanism** 메커니슴	기계, 구조, 방법
☐	**implement** 임플멘트	시행하다, 도구
☐	**function** 펑션	기능[작동](하다), 활동하다
☐	**craft** 크래'프트	공예, 기술, 선박
☐	**technical** 테크니클	기술적인, 공업의
☐	**energy** 에너-즤-	에너지, 힘
☐	**faculty** 패컬티	능력, 태도, 교수진
☐	**flaw** 플러	결함, 단점
☐	**plane** 프레인	대패(질 하다), 평면, 평평한, 비행기
☐	**tool** 툴	도구, 연장, 수단
☐	**kit** 킽	도구 세트
☐	**engine** 엔쥔	엔진, 기관
☐	**dig** 디그	파다, 캐내다 dig | dug | dug
☐	**hammer** 해머	망치, 두드리다

173

☐	**knot** 낱	매듭(을 묶다)
☐	**node** 노우드	매듭, 마디
☐	**license** 라이쎈스	면허, 허가
☐	**motor** 모우터	모터
☐	**nail** 네일	손톱, 못
☐	**physical** 피지클	육체의, 물질[물리]적인
☐	**physics** 피직스	물리학
☐	**matter** 매터-	문제(되다), 중요하다, 물질
☐	**substance** 썹스턴스	물질, 본질, 핵심
☐	**stuff** 스터'ㅍ	재료, 물질
☐	**object** 압젝트	물건, 목표, 반대[항의]하다
☐	**invent** 인'벤트	발명[조작]하다
☐	**rope** 롸웊	밧줄
☐	**valve** 밸'ㅂ	밸브, 판막
☐	**brick** 브뤽	벽돌
☐	**panel** 패늘	판, 틀, 위원단
☐	**molecule** 말러큘	분자
☐	**oxygen** 악서전	산소
☐	**industry** 인더스트뤼	산업, 공업, 근면성
☐	**carve** 카-'ㅂ	조각하다

☐	output 아웃풋	생산(하다), 산출(량)
☐	produce 프러듀스	생산[제작]하다
☐	coal 커울	석탄
☐	line 라인	선, 줄
☐	component 컴포우넌트	부품, (구성)요소
☐	ingredient 잉그뤼디언트	재료, 성분, 요소
☐	handle 핸들	다루다, 손잡이
☐	repair 뤼페어	수리하다
☐	mechanic 머캐닉	기술자
☐	hydrogen 하이드뤄줜	수소
☐	skill 스킬	기술, 숙련
☐	screw 스크루-	나사, 죄다
☐	facility 퍼씨리티	시설, 설비, 재능
☐	fuse 퓨즈	신관, 녹(이)다
☐	practical 프뢕티컬	실용적인, 실제의
☐	entity 엔티티	존재, 단체
☐	utility 유틸리티	유용(품), 공공시설
☐	fuel 퓨얼	연료
☐	perfect 퍼-'펙트	완벽한
☐	fence 펜스	울타리(치다), 막다

☐	**atom** 애텀	원자
☐	**competent** 캄피텐트	능숙한
☐	**effective** 이'펙티'브	효과[효율]적인
☐	**advantage** 애드'밴티쥐	유리, 이점, 이익(보다)
☐	**input** 인풋	입력(하다), 투입(량)
☐	**qualify** 콸러'파이	자격을 주다, 한정하다
☐	**certificate** 써-티'피킽	증명서
☐	**automatic** 어터매틱	자동의, 무의식[기계]적인
☐	**resource** 뤼쏘우스	자원, 수단, 재주
☐	**mistake** 미스테잌	실수[오해](하다) mistake | mistook | mistaken
☐	**error** 애뤄-	잘못, 오류
☐	**fault** 뿔트	잘못, 결점
☐	**false** 뿔스	틀린, 허위의
☐	**equipment** 이큎먼트	장비, 설비, 비품
☐	**merit** 메륕	장점, 이점, 가치
☐	**device** 디'바이스	장치
☐	**apparatus** 애퍼뢔터스	장치, 기관
☐	**talent** 탤렌트	재능
☐	**material** 머티뤼얼	직물, 재료, 물질(적인)
☐	**recycle** 뤼싸이클	재활용하다

176

☐	**tank** 탱크	저장 탱크, 전차
☐	**electric** 일렉트뤽	전기의
☐	**plasma** 플래즈마	혈장, 플라즈마
☐	**expert** 엑스퍼-트	전문가, 숙련된
☐	**expertise** 엑스퍼티스	전문 지식, 전문성
☐	**wire** 와이어	철사, (전)선
☐	**cable** 케이블	전선, 밧줄
☐	**electronic** 일렉트롸닉	전자의
☐	**phone** 쭌	전화기, 통화하다
☐	**elaborate** 일래붜레이트	공들인, 정교한, 자세히 하다
☐	**delicate** 델리킽	연약한, 섬세한
☐	**precise** 프리싸이스	정확한, 정밀한
☐	**accurate** 애큐레이트	정확한
☐	**exact** 익잭트	정확한, 강요하다
☐	**manufacture** 매뉴'퍀처	제조(하다), 제조업
☐	**manipulate** 머니퓔레이트	조작[조종]하다, 속이다
☐	**adjust** 어졍스트	조절[적응]하다
☐	**steam** 스팀	증기(나다)
☐	**vacuum** 배큠	공허, 진공(청소하다)
☐	**transaction** 트뢘잭션	처리, 거래

☐	**momentum** 모멘텀	기세, 운동량, 가속도
☐	**carbon** 카-번	탄소
☐	**gear** 기어	톱니바퀴, 장치
☐	**pipe** 파이프	관, 파이프
☐	**pump** 펌프	펌프, 공급하다
☐	**paint** 페인트	그리다, 페인트
☐	**standard** 스탠더드	표준, 기준, 보통
☐	**normal** 노-어멀	표준(의), 평범한
☐	**norm** 노-엄	표준, 규범
☐	**criteria** 크롸이티리아	표준, 기준, 척도 *criterion의 복수형
☐	**criterion** 크롸이티리언	표준, 기준, 척도 *criteria의 단수형
☐	**quality** 콸러티	품질, 특성, 훌륭한
☐	**stitch** 스티치	꿰매다, 솔기
☐	**core** 코어	핵심, 중심(부)
☐	**nuclear** 뉴클리어	핵의, 원자력의
☐	**chemical** 케믹클	화학적인
☐	**efficacy** 에'피캐시	효능
☐	**efficient** 어'피션트	효율적인, 유능한
☐	**fine** 파인	훌륭한, 잘, 벌금, 미세한
☐	**gasoline** 개설린	휘발유

영어 티칭 노하우 카페

원장님, 영어강사, 학교 선생님

**학원장 커뮤니티,
선생님 커뮤니티
티칭 노하우,
유용한 자료
교재 할인 등**

영티노 카페